社労士は見た!!

光る職場へ

特定社会保険労務士
伏屋 喜雄 著

労働調査会

目次

はじめに ………………………………………………………………… 1

第1章 光る職場へ

1. 誰もが光を ………………………………………………………… 2
2. 光る職場のキーワード …………………………………………… 3
3. 顧客ファーストと社員ファーストは両論 …………………… 4
4. 今、何故「光る職場へ」………………………………………… 5
　　その1　ある電器店での出来事 ……………………… 5
　　その2　ホーソン実験 ………………………………… 6
　　その3　「心の光」、モチベーションの原点 ……… 7
5. 光る職場へご案内 ………………………………………………… 8
　　（1）総括 ……………………………………………………… 8
　　（2）雇用形態に光を ………………………………………… 10
　　（3）新人OJTに光を ………………………………………… 11
　　（4）目標管理制度に光を …………………………………… 12

第2章 光る職場の20か条

　　　ようこそ　光る職場へ ………………………………… 14
第1条　経営理念、経営方針は社長の哲学である
　　（1）理念の共有 ……………………………………………… 15
　　（2）印象に残ったベスト5 ………………………………… 16
　　（3）光る経営理念 …………………………………………… 18
　　（4）光輝く経営理念の作り方 ……………………………… 20
　　（5）光輝く経営方針の作り方 ……………………………… 21

第2条　事業後継者と部門後継者の選任は、
　　　　経営者最大のミッションである
　　（1）事業承継の現状 ………………………………………… 22

（2）3パターンの解決法 …………………………… 25
　　（3）もう一つの後継者問題 ………………………… 30

第3条　組織は生き物である。
　　　　生き生きとした組織は、健全経営の根幹である
　1．生き生きした組織の条件 …………………………………… 39
　2．今何故、組織力か ……………………………………… 40
　3．重要事項10則概要 ………………………………………… 41
　　その1　　指令系統の統一 ……………………… 44
　　その2　　権限委任と報告 ……………………… 48
　　その3　　職務充実と職務拡大 ………………… 51
　　その4　　役割認識の統合 ……………………… 56
　　その5　　役割の明確化 ………………………… 60
　　その6　　管理の限界と拡大 …………………… 64
　　その7　　タテ・ヨコ・ナナメの
　　　　　　　コミュニケーション ………………… 69
　　その8　　ストローク環境の醸成 ……………… 74
　　その9　　仕事の与え方の工夫 ………………… 79
　　その10　　適材適所の配置と適正要員 ………… 84

第4条　人材育成の成否は企業経営の成否とイコールである
　1．恵まれない育成環境 ……………………………………… 89
　2．社労士が選んだ人材育成ベスト5 ……………………… 90
　　（1）指導される側の問題状況 ……………………… 90
　　（2）パターン別指導育成法 ………………………… 91

第5条　風通しの良さ、靄のかからない職場の条件である
　1．職場の靄とは ……………………………………………… 107
　2．社労士が見た「3つの靄」 ……………………………… 108
　　（1）ものの言えない職場 …………………………… 108
　　（2）危ういコンプライアンス ……………………… 109
　　（3）薄れていく絆の尊さ …………………………… 114

第6条　社労士とSDGs、限られた目標にも大きな使命がある
　1．社労士とSDGs ……………………………………… 121
　　　（1）男女の区別、差別実態の現状と
　　　　　　コンサルティング ……………………………… 122
　　　（2）何故、このような区別差別が …………… 124
　　　（3）中小企業における求人対策を見直し、
　　　　　　雇用創出拡大に努める ………………………… 130
　　　（4）働き甲斐や生き甲斐への挑戦、人間らしい仕事の追求、
　　　　　そのための基本となる同一労働同一賃金への積極的導入
　　　　　を各企業に進める ……………………………… 131
　2．人的環境改善に社労士の力を ……………………… 133

第7条　退職代行、顔は見ずとも後味悪さ残さない契約解除
　1．顔も見たくない ……………………………………… 136
　2．割り切りも大切 ……………………………………… 137

第8条　達成感の高満足度は、全社員目標を全社員共有して全社員で達成することである
　1．差別のない分配 ……………………………………… 140
　2．5つの課題 …………………………………………… 141
　3．ギグワーカーと一体感 ……………………………… 144

第9条　企業の成長は、社員一人一人の金メダルにかけるプロセスによって決まる
　1．「私の金メダル」 …………………………………… 146
　2．モチベーションの原点 ……………………………… 148

第10条　パワハラのない職場、相手への思いやり度が一定量を常に上回っていることである
　1．何故、パワハラが… ………………………………… 150
　2．萎縮効果と適正指導 ………………………………… 155

第11条　若者に夢を与える会社、
　　　　　どれだけ自分を認めてくれるかである

　1．デジタル化と若者の夢 …………………………… 157
　2．ある企業にヒントが… ……………………………… 159
　3．若者が求める職場環境 …………………………… 162
　　（1）チャレンジ風土の醸成 ……………………… 162
　　（2）夢を与えられる先輩に ……………………… 164
　　（3）心のこもったフォロー ……………………… 164

第12条　売上、利益、生産性向上を実戦部隊で
　　　　　数値化できるのが、中堅社員である

　1．中堅社員の役割 …………………………………… 166
　　（1）中堅社員とは ………………………………… 166
　　（2）檜舞台に立つ中堅社員 ……………………… 166
　　（3）中堅社員の役割 ……………………………… 167
　2．求められる能力 …………………………………… 170
　　（1）まず技術力No.1を！ ………………………… 170
　　（2）コミュニケーション力 ……………………… 170
　　（3）柔軟性と対応力 ……………………………… 171
　　（4）創造力、企画力 ……………………………… 171
　　（5）基本的指導力、育成力 ……………………… 172
　3．そうした能力、どのように育て高めれば良いのか … 174
　　（1）技術力No.1育成法 …………………………… 175
　　（2）コミュニケーション力育成法 ……………… 175
　　（3）柔軟性を持たせるには ……………………… 177
　　（4）問題意識を持つこと ………………………… 177
　4．いよいよ檜舞台に… ……………………………… 178
　　（1）待遇面の改革、改善 ………………………… 179
　　（2）仕事の与え方の工夫 ………………………… 179
　　（3）会社方針の明確化 …………………………… 180

第13条　高齢者雇用、役割次第で力以下、役割次第で力以上

1. 弊社の高齢者雇用 ……………………………………… 180
2. 一工夫された高齢者雇用 ……………………………… 181
3. データから読み取るわが社の高齢者活用 …………… 184
4. 約1,000万人もの就労者 ……………………………… 186
5. 光る職場へご案内 ……………………………………… 188
    - （1）第一の人生 ……………………………………… 188
    - （2）デジタル化と人間性の尊重 ………………… 190
    - （3）「だから」でなく「だって」 ………………… 192

第14条　全ての局面で自制心が働く集団は揺るぎない信頼を得る

1. セルフコントロール …………………………………… 194
2. 「人間は環境の動物である」 ………………………… 195
    - （1）良好な人間関係の基本 ……………………… 196
    - （2）会議での自己統制 …………………………… 199

第15条　誰もが一番求めているのは、聴いてくれる人が職場にいること

1. 積極的傾聴 ……………………………………………… 201
    - （1）感情的、感傷的関係 ………………………… 201
    - （2）批判的、否定的関係 ………………………… 202
    - （3）共感的、共鳴的関係 ………………………… 202
2. 職場に「3G制度」 …………………………………… 205
    - （1）ヒヤリング制度 ……………………………… 205
    - （2）カウンセリング制度 ………………………… 207
    - （3）コーチング制度 ……………………………… 209

第16条　人事処遇（昇進・配転）は人作りと均衡、均等でなければならない

1. やる気の出る人事制度 ………………………………… 212
    - （1）動機に繋がる処遇 …………………………… 213

（2）適材適所のポジション ························· 214
　2．育成を意図した人事処遇 ····························· 218

第17条　賃金処遇（昇給、賞与）は、適正評価を担保にモチベーションアップの原点である
　1．ダイレクトな動機付け ······························· 221
　2．適正評価が担保要件 ································· 222
　　　（1）多面評価制度の導入 ························· 224
　　　（2）簡単な観察記録簿 ··························· 224
　　　（3）評価する人による
　　　　　　定期的「見直し会議」の設置 ················ 225

第18条　自己評価の精度が、上司評価に連動するものである
　1．自己評価の狙い ····································· 227
　　　（1）自己啓発の出発点 ··························· 228
　　　（2）部下を知る好機 ····························· 228
　　　（3）面接意義をより高める ······················· 229
　　　（4）自己評価者訓練 ····························· 229
　2．ユニークな評価者訓練 ······························· 230

第19条　フィードバック面接は部下育成の出発点である
　1．効果的な面接をするには ····························· 235
　　　（1）面接前の準備 ······························· 235
　　　（2）面接当日 ··································· 236
　　　（3）育成の出発点 ······························· 236
　2．フィードバック面接訓練 ····························· 237
　　　（1）配役決定 ··································· 238
　　　（2）面接手順 ··································· 238
　　　（3）反省会 ····································· 240

第20条　光り溢れる職場、絶えることないソフトウェアの
　　　　 質の高さと量の多さが不可欠である
　　1．究極のソフトウェア ……………………………………… 243
　　2．それぞれの育成環境 ……………………………………… 244
　　　　（1）誰もが主人公でいたい …………………………… 245
　　　　（2）育成機会を逃すな ………………………………… 245
　　　　（3）究極の究極は… …………………………………… 246

第3章　岐阜県からの委託事業を受けて

　　1．女性管理職登用の難しさ ………………………………… 250
　　2．委託事業担当者からの報告 ……………………………… 251
　　　　（1）特定社会保険労務士 加藤からの報告 ………… 252
　　　　（2）特定社会保険労務士 平下からの報告 ………… 253

第4章　社労士を職場のEC（環境チェッカー）に

　　1．「環境経営」の大切さ …………………………………… 256
　　2．チェッカーの役割 ………………………………………… 257
　　　　（1）ハード面の土壌作り ……………………………… 257
　　　　（2）ソフト面からの土壌作り ………………………… 258
　　　　（3）監査結果を受けた対応 …………………………… 260

　　おわりに ……………………………………………………… 266

はじめに

　社労士業を営んで46年、このところ急増する企業を襲う労務の嵐。新卒でも中途採用でも、僅か1年も経たない間に退職。そして、その退職届けも本人がするのではなく弁護士による「退職代行」。パワハラ防止法が成立して久しくなるものの、引きも切らず毎日のように新聞を賑わすハラスメント事件。2024年問題として、運送業、建設業にも時間外労働に上限規制がかかるも過酷な長時間労働による労災事故はあとを絶たない。そして様々な労務の嵐によって、労働環境はまるで光の射さない靄のかかった企業に変身。何がそうしてしまっているのか、その一つ一つを紐解いてみないと正確には言えないが、共通して言えることは、「光る職場へ」どの企業も迷いなく進んでいきたい意思があることだ。

　つまり、企業は風通しのいい透明感のある職場、そしてキラキラ光る明るい職場、それを求め続けているのだ。しかし、どのようにその「光る職場へ」行けばいいのか、その回答は簡単ではない。

　そこでこの拙著では、こうした各企業の抱える労務問題を様々な角度から分解して、どうすれば、あなたの企業も、あなたの企業も光に満ち満ちた職場へ向かうことができるのか、そんなステージに皆さんをご招待させていただくことにする。

著者

第1章

光る職場へ

1 誰もが光を

　社労士として多くの職場を点検させてもらうと、多くの労務リスクに気づかされる。入社時に労働契約書の交付がない、時間外労働をしてもサービス残業、法的手順を踏まない解雇等々、適正意識を大きく欠き、主観的判断だけで労務管理をしているハード面のリスクから、管理者によるパワハラに悩まされ精神疾患を発症、新入社員へのOJTが無い為に退職者が続出、同僚同士の人間関係悪化に対して無策な管理者に辟易しているソフト面からのリスクまで枚挙にいとまがない。完全無欠の職場はまず無いと言っても良いくらいだ。しかし、人はいつも光を求めている。一条の光、うっすらとした光、木漏れ日のような隙間から覗く光、どんな光でもいい。少しでもそうした状況に光が射し、改善されることを願わない人はいない。

　ところが、現実はどうだろうか。光どころか、汚泥となって底にへばりついたり、誰もが歓迎できない澱んだ空気を醸し出したりしている職場も決して少なくない。もうこうなると、人の意思もモチベーションも責任感も麻痺していき、更に招かれざるリスクのある職場に変貌していくのである。こんな職場で働く一人一人の社員はどうなるのか。あまりにスマートで、飾り付けも多く、見映えのいい誰でも行きたくなる企業の前触れで入社したのに、そんな現実に理想を失い、夢も折れ、1年も経たないうちに退職。我々社労士が

点検した職場には、そんな企業も少なくない。思い切ってそうした企業、つまり光の差し込む企業にどうすれば生まれ変われるのか、の一点に光を当て、光を求める社員が、誰もが望んでいる「光る職場へ」向かうことを願うばかりである。

2 光る職場のキーワード

　2024年の米大統領選挙で当選し、トランプ大統領が再就任。かつての政治方針が甦ってきた。まさに期待と不安の船出だ。トランプ大統領が口癖のように言ってきた言葉、「アメリカファースト」が世界を席巻しそうである。どんな場合も自国の利を最優先する政策のことのようだが、我々日本人にはどうにも馴染まない文化、思想、価値観、政策のように思える。

　この考え、各企業に当てはめるとやはり「社員ファースト」になるのではないだろうか。これまで関わってきた企業の多くで「社員を大切にしてくれない」「社員あっての会社であることを分かってくれない」…と何度も耳にした。そして決まってその会社に横たわる労務問題が表出するのは、社員に目が向いていない会社の実態がクローズアップされるときだ。そして結構、経営者の中には、この「社員ファースト」という意味を勘違いしている人が多く、大方の認識は給与や賞与を払えばいいのでは、休日を多くとればいいのでは、慰安旅行があればいいのでは、といったことである。無論、こうしたことにも目を向けてほしいが、一番は「社員への関心、社員への理解、社員への思いやり」である。こんなことが分からない経営者はまずいないと思うが、行動となると又別である。

　従ってここでいう「社員ファースト」は、一言で言えば、『売上

げや利益が思うように上がらない時でも、トラブルが相次ぎ、顧客と信頼を失いかねない時でさえ、社員に目を向けた方針、姿勢』が求められるということだ。人の価値・懐の大きさは、会社に余裕があって大きな問題に直面していない時ではなく、厳しい経営側面や状況になった時にどのような舵取りをするのか、で決まっていく。つまりこの場合でも「社員ファースト」ができるか否かが「光る職場へ」の第一歩であり、キーワードなのかも知れない。

③ 顧客ファーストと社員ファーストは両論

　「お客様主義」「顧客第一主義」「いつもお客様目線」こんな経営理念をよく耳にする。その会社が、如何にお客様を大切にしているか、又この理念には、各社員が、まず何にも優先してお客様のことを考え行動して欲しいというメッセージが強く刻み込まれている。まさに「顧客ファースト」である。

　しかし、この言葉の重みに耐えかね心の痛みさえ感じる人も少なくない。お客様のことを最優先にするあまり、時間的犠牲、体力的犠牲、家庭的犠牲、精神的犠牲を強いられ、ついには会社から見放され、退職を余儀なくされる例を数多く見てきた。決して間違った理念ではないのに、どこかでこの理念の歯車が狂ってしまったのだ。それは何故か。この会社にはもう一つのファーストである「社員ファースト」がなかったからである。つまり「顧客ファースト」と「社員ファースト」は切っても切れない仲なのである。元より「社員ファースト」を掲げる会社ならいいが、「顧客ファースト」だけを掲げた会社は、この理念だけで持ちこたえられないのである。

　これは私の独断かも知れないが、長年の社労士経験から生み出さ

れた職場の大きな光とは、「顧客ファースト」と「社員ファースト」である。この2つは言葉こそ違えども同義語であり、同レベルであり、同価値であり、まさに表裏一体の関係なのだ。社員を大切にする会社では定着率が悪いこと、ギスギスした人間関係、不平不満の多い暗い職場環境等の話題を聞くことは極めて稀である。

　良い会社の定義、それは、「顧客ファースト」「社員ファースト」が両論となって、いつも励まし合い、声掛け合う「仲間」であることであり、そのことを忘れて欲しくない。

④ 今、何故「光る職場へ」

▶ その1　ある電器店での出来事

　自宅近くによく行く電器店がある。ポットが欲しいので買い物に行ったが、思うものがなかったので、とりあえず見繕って帰宅すると、家内からそれじゃなくもう少し大きなものを、と言われ翌日取り替えに行ったところ、店員の対応にびっくり。昨日会った人とは違っていたが、とにかく一旦売ったものを取り替えることに面倒くさそうな顔付きで話され、そんな取り扱いはないでしょう、という気持ちで店を後にした。この電器店、夜遅くまで煌々と電気を付け、部屋の隅々まで光が届いているにも関わらず、お客さんへの対応は光りどころか、薄暗さ、薄寒ささえ感じた。このような例は誰もがよく経験することである。明るい店内ではあるが、気持ちの明るい店内ではなかった。

　職場に置き換えた場合、薄暗さを感ずる場面に遭遇した人はどんな気持ちになるだろう。例を挙げてみよう。QC活動で、チーム全員が改善方法で盛り上がって話し合っている時、「仕事中にゲラゲ

ラ笑って遊んでるんじゃない」と水を差される。ある会議で勇気を出して思いきって自ら発言した時、「その程度のことしか思い付かないのか」と言われる。結果こそなかったが遅くまで無心になって営業してきた部下に、「いつまでやってるの。結果だよ、結果。それがなければやる必要ない」と説教等々。やはりこれでは誰しも気持ちは落ち込み、暗くなる。こちらが明るい対応を求めているにも関わらず、そのような反応がないと、人は皆暗くなり、前途に不安を感ずるものである。

　よく講演会場で聞くことがある。皆さんにとってやる気の出る職場とはどんな職場ですか。決まって返ってくるのは「明るい職場が一番」という答え。こちらの期待するように相手が応えない、振る舞わないと、残るのは暗い気持ちだけである。

▶ その2　ホーソン実験

　今から100年程前、アメリカのウェスタン・エレクトリック社のホーソン工場で4つの実験が行われた。

① 照明実験
② リレー組み立て実験
③ 面接実験
④ バンク配線作業実験

①は職場環境と生産性の関係、②は仲良しグループ6人の労働条件や待遇と生産性の関係、③は21,000人程の社員への面接による管理体制と生産性の関係、④はチームと生産性の関係等についてそれぞれ実験で調査を行った。結果、①については照明の強度が生産性に影響しないこと、②については労働時間の長短、休憩時間を取得しなくても気の合ったもの同士で仕事する場合、全く生産性に影

響がないことが分かった。③については管理する人との人間関係によって生産性に影響が出ること、④についてはインフォーマルグループにおける活動が生産性に影響することなどが判明した。

つまり、この実験によって「生産性の向上は、作業環境、労働条件等に影響されるのではなく、人の感情、つまり信頼度、親しみ、話しやすさ、良好な人間関係の有無が生産性に大きな影響を及ぼす」ことが発見されたのである。

「人間関係論の父」といわれるハーバード大学のエルトン・メイヨー教授は、物理的、作業的環境よりも人間関係の良し悪しが、結果的には生産性の向上だけでなく品質強化にも繋がることを明らかにした。この実験によってそれ以降多くの企業が、良好な人間関係づくりを経営の基本に置くようになった。

この話をあなたの職場に当てはめた場合、光る職場とは、物的な作業環境ではなく、心の灯りがある人的環境を大切にする職場を指すことを理解していただきたい。どうすればあなたの職場が「光る職場へ」成長することができるのかについては、第2章で詳しく解説させていただく。

▶ その3 「心の光」、モチベーションの原点

その1、その2で、如何に働く人のモチベーションが、人間関係、信頼関係によってアップダウンするかを考えていただいた。人に感情がある限り、その人の程度こそあれ、「光る職場へ」の到達速度、距離は、その会社が、どのようにして、その環境、つまり「心の光」を発せられたかによって、速くも短くもなると言っても過言ではない。

まさに、言うは易く行うは難しである。これまで300社を優に越

える企業で「労働問題の起きない」ための相談にのる時、いつも苦悩するのが、経営者を始め組織上層部の人たちの「社員への思い度」がどの程度あるかである。前述したお客様ファーストだけでなく、同じ量だけの社員ファーストがあれば、まずは第一関門通過である。

　第2章では、そのためのノウハウを事細かに紹介させていただくが、少しでもあなたの会社で取り入れることができると感じたものはどんどん採用していただけることを期待したい。

心の光

⬢5⬢ 光る職場へご案内

(1) 総括

　労働問題を起こした現場から相談を受けて行ってみると、問題とは別にどんな職場にも光る制度、光る環境、光る特徴があることに

気づく。それが大きいか小さいか、よくあるかそうでないかは別として、必ずと言っていいほど光るものを発見することが多い。良質な労務メニューを持っていることで、温もりを感じ、潤いを感じたりするものである。

　そこで、ここからはこれまで関わった企業で、それは素晴らしい、それなら是非わが社にもと思えるA〜E社の光るメニューを紹介する。光るメニューの分類は以下の①〜③に分けられる。

① 　雇用形態に光を

　平成25年4月1日、無期転換が法制化された。有期雇用契約している社員が、5年経って無期転換の意思表示をすれば、その後有期雇用から無期雇用になる改正である。このことによって、多くの有期雇用契約者は、契約期間の雇い止めを心配することなく安心してその企業で働くことができるようになった。

② 　新人OJTに光を

　これまで忙しさや指導する人がいないことを理由として新人のOJT担当者がいないために、採用しても1年未満で退職する者が続出。そこで管理監督者を対象にヒヤリングしたところ、部下から「教えてくれる人がいない」「特定されていない」「教え方がきつい」「こちらから聞きにくい」等の声が多かったため、プリセプター制度を導入。一挙に定着率向上に繋がった。

③ 　目標管理制度に光を

　多くの企業で導入している目標管理制度。半年ごとに各自目標を明確に掲げ、その達成方法やプロセス等を予め期首面接ですり合わせ、期末面接で評価内容や評価結果を明示し、本人にやる気を促す制度である。ところが、これを毎月必ず面接する企業がある。

（2）雇用形態に光を
【A社のケース】①

　無期転換制度が法制化され、12年が経過した。更にその後の働き方改革等によって労働の多様化を推進していかなければならない社会的要求が俄に高まり、有期契約から無期転換を希望するパートタイマーが急増。働き方や待遇をどのようにすべきか、待ったなしの労務方針を突きつけられたことから、次のような「限定正社員制度」を新たに導入することで働き方に幅を設け、働きやすさを一層促進することを提案した。

　イ）パートタイマー、フルタイマーは、希望すれば限定正社員として、これまでのパート待遇と正社員待遇を考慮し、均衡を逸しないような労働条件を設定すること

　ロ）限定正社員は、勤務地、労働時間、職務内容の３パターンを任意に選択できること

　ハ）ワークライフバランスの観点からも労働の多様化を図り、これまでのような固定した働き方からの脱却を図ること

　ニ）限定正社員には、退職金、賞与規定を作成、労働条件の改善に努めること

　ホ）多様な人材を活用することができ、これまで以上の求人効果を上げることができるようになること

　これまで固定した働かせ方、つまり正社員とパートタイマーの２種類しかなかったA社の雇用形態に、限定正社員制度を導入することで、職場に大きな光を放つことになった。

　しかし、限定正社員制度を選択する場合、パートタイマーからも正社員からも職務内容や責任の重みが違わない場合、労働条件等が不公平な制度になりかねないことも要注意である。

（3）新人 OJT に光を
【B 社のケース】②

　毎年、管理監督者を対象に定期カウンセリングしている顧問先で、ある時期、新入社員の定着率が極めて悪化していた。カウンセリングから、新入社員へのきめ細かな OJT が無いことやそのやり方に問題があることが発覚。そこで、新入社員を対象とした「プリセプター制度」の導入を提案したところ、一気に定着率が向上した。

　しかし、こうした新入社員への OJT を実施したからといって、直ちにどんな企業でも効果が出るわけではない。丁度その頃、この顧問先に新たな看護師長が入社し、その人の経験を活かした指導が効を奏したようだ。プリセプター制度とは、医療機関における新入社員への OJT のことを言うが、一般の企業には、エルダー制度、メンター制度の導入を勧めている。これらも年の近い先輩社員が新入社員の OJT を担当する制度を言うが、この B 社ほど直ちに効果が出るところばかりではない。

　そこで、翌年 B 社でのプリセプターを管理している看護師長に聞いたところ、ある光る特徴を知ることができた。

　イ）新入社員だけでなく、社員に対する教育の重要性を信念とし自らも実践していること
　ロ）とにかくどんな場合も話し合いを大切にし、看護師長室に籠ることなく現場主義であること
　ハ）社員の特徴を捉え、その人に相応しい指導を心得ていることで部下からの信頼が極めて厚いこと

　こうしたことから、ただ制度導入が OJT 効果を上げるのではなく、やはり B 社の実績から「きめ細かな部下目線と指導効果を部下自身が実感できる熱い OJT」を心掛けることを参考にして欲しい。

(4) 目標管理制度に光を

【C社のケース】③

　人事評価に目標管理制度を導入する企業が少なくない。半年又は1年を対象に部下の立てた目標を、上司と目標設定の際、達成レベル、達成プロセス等をすり合わせして目標決定し、その結果に基づいて処遇する制度である。C社はこの目標設定や結果面接で、結果同様に達成までのプロセス、つまり行動目標（努力度）を大切にしている。一般に目標管理制度は、その結果がどの程度だったのかが最重視されるが、C社はほぼ均等にプロセスも重視しているのだ。目標管理を通して人材育成を意図していること、まさに光る職場である。

【D社のケース】③

　最近、人事評価目的を賃金処遇（賞与・昇給）、人事処遇（昇進、昇格）に活用するだけでなく、人材育成、更に育成された社員を、より有益な場に活用する企業が増えてきた。とはいえ、結局は賃金処遇の利用止まりになっていることも少なくない。何故かというと、育成のためのフィードバック面接が、単なる評価結果の伝達場として使われているからだ。ところがD社は、完全に面接が「育成面接」になっているのだ。面接は毎月1回、記録は「育成ノート」を活用しており、そこに育成効果の全てが詰まっている。

【E社のケース】③

　人事評価と目標管理を別々に扱っているE社は、目標管理を自己成長に活用。そして毎年、全社員の目標を公開し、1年中誰もが見ることができるようにしてある。本人の途切れない目標意識の継続と他人の目標を公開することで、自分への励みにしているのだ。

　E社のユニークさは、原資となる一時金を会社目標、部門目標達成の程度において捻出し、分配は全て管理者に決定させていることだ。主体性とモチベーションアップを狙った目標管理である。

第 2 章

光る職場の20か条

 ようこそ「光る職場へ」

　46年間社労士一筋。関わった企業数はおそらく600社は優に超えると思うが、その経験を通して、どうしても命尽きるまでにあと1冊書きたかった本が、これから始まる「光る職場へ」である。どんな会社も経営者始め、多くの社員が真剣に愛する会社を良くしよう、良くしようと努力しているにも関わらず、会社の実像は、おおよそ理想像と大きくかけ離れ、予期せぬ方向に進んでしまうことも少なくない。何故そうなるのか、何故思うように進まないのかを一言では言えないが、もし敢えて言えるとすれば「社員をうまく使えなかった」のではないか。

　もしこの理屈、方程式が成り立つとすれば、やはりその経営者に、管理者に、そしてその会社を構成する全ての人に光を当て、どうすればサクセスストーリーが成立するのかを考えてみる必要がある。これまで成り立たなかったのはおそらく、どこかで向かう道を大きく間違えたか、思いを1つに寄せることなくバラバラに進んでしまったからか、苦汗の共有ができなかったからではないだろうか。まさに職場に光がなくなったのである。だからこそどんな小さな光であっても、光が消えないように輝かせ続けることが、社長以下、全ての人に課せられた任務なのではないだろうか。

　この章では、どうすれば「光る職場へ」皆さんを誘えるか、そんなことを20か条に記してみた。やれそうなこと、思いあたること、

たとえ一条の光でもいいので、あなたの会社に取り入れてもらいたい。

(経営者の哲学)

第1条　経営理念、経営方針は社長の哲学である

（１）理念の共有

　どんな会社にも、その会社が大切にしたいこと、していること、営業活動の拠りどころとなること、糧となること等を文字や言葉にした「経営理念」や「経営方針」がある。ところが、言葉や文字にして日頃の活動の中に深く取り込まれている会社もあれば、あるにはあるがせいぜい掲示・掲額されている程度で、その中身や内容についてはそれほど社員に浸透していない会社、或いは全くないか、あってもただ掲示されている会社等、まさにそれぞれである。しかし、それが会社の方向を指し示すものなら、少なくとも社員が誰しも口ずさめるようにしたい。でなければ、経営理念や経営方針の意義、価値が極めて希薄になり、理念や方針の旗の元に一つの方向を向くことは難しくなる。

　もしも、そうでない企業があるとすれば、それはもう耳障りのない、聞こえのいい文字、言葉でしかない。それでいいのだろうか。これまで経営理念や方針の大切さを多くの企業で話してきたが、形骸化され、重視されていないのは、経営者自らの哲学、想いが描かれていないからではないだろうか。とにかく、ここが経営の出発点であることは間違いないのに、それほど重視せず、日々の業務だけに追われている企業をたくさん見てきた。一つになれないのであれ

ば、「One team」なんてわが社では夢のまた夢、という話だ。経営者であるならば「理念の共有」「方針の共有」を社員に大切と思わせなければいけない。

ではどうすれば、理念共有のある「One team」を意図した会社がつくれるのだろうか、次にそれを見てみよう。

One teamでないバラバラな会社

（2）印象に残ったベスト5

「仏作って魂入れず」という諺がある。聞こえは良くないが、そんな諺通りの企業も少なくない。何故、このようになってしまうのか。やはり、社長の哲学が吹き込まれていないからではなかろうか。哲学というと大げさに聞こえるが、会社を愛し、社員を愛する想いが薄いと言い換えると問題がわかりやすくなるだろう。

このように消えそうな光を、どうすればもっと明々とした光に変

えることができるのか。それにはまず、あなたの会社の経営理念、経営方針がどのようにして生まれてきたのかの把握をした上で、必要に応じて洗い直しをしていく必要がある。そのことは次項に譲るとして、ここでは、これまで多くの企業のコンサルティングをさせてもらったなかで、印象に残る、気に留めた経営理念、経営方針ベスト5を披露させていただく。

① A社の経営理念
「企業は人なり」
社員の個性を尊重し人材育成に力を注いでおります。柔軟な発想が生まれる環境作りを大切にし、今日まで1万点に及ぶ製品群を世に送り出してまいりました。

② B社の経営理念
「お客様との出会い、つながり・我社のノウハウを提供・満足していただく」長年にわたり蓄えた総合技術力により、最高の商品をシステム化し提供する。

③ C社の経営理念
顧客のよろこび　社員のほこり
社会のしあわせ　パートナーとともに　学びつづける企画。

④ D社の経営理念
「私たちは、信頼と思いやりと探究心を絶えず大切にします」

⑤ E社の経営理念
全ての従業員にとって、その一生を賭して悔ゆるところのない職場たること

(3) 光る経営理念

　光る経営理念、光る経営方針とはいうものの、何をもって光るというのか、どうなっていれば光る経営理念・方針といえるのだろうか。その理念や方針は別にかっこいい言葉で表現しなくてもいい。難解な文字を用いた含蓄のある言葉でなくてもいい。経営者が、社員が、いつも大事にしていること、いつも口ずさんでいること、そして何かにつけ仕事をする上で支えになったり、糧にしているものであれば、改まった言葉でなくても、額に入ったものでなくても、十分に立派な経営理念である。

　ある講演会場で、福祉施設に勤務する管理者対象に講演させていただいた時、受講者に聞いたことがある。

あなたの施設の経営理念について
- よく知悉していて事業活動の支えになっている　→　10％
- 知悉しているが、それほど事業活動に生かしてない　→　30％
- 殆ど知らない、事業活動にも殆ど生かしてない　→　60％

　これでは折角心を一つにして、経営理念を共有しようにも気力が削がれてしまう。逆に文字にしなくても、その会社にとって全社員が大切にしている習慣、文化、風土に置き換わっていれば、それは経営理念があると言っていい。

　大切なのは、その経営理念の浸透度だ。どうすれば、経営理念に誰もが一つに心を寄せ、そして大きなエネルギーに変えて社員を動かすことができるのだろうか。やはりそこに必要なのは、その言葉や文字が、誰にとっても親しみが持て、当たり前のようにその経営理念を使いこなせることである。それでは、経営理念を使いこなし

て、経営活動の中に染み込ませている会社とそうでない会社の違いは何だろうか。やはり染み込ませている会社は「明るい光のある職場」であり、染み込んでいない会社は「薄暗い光で辺りが見にくい職場」ではなかろうか。経営理念が浸透していない会社は、見にくいだけに障害物に当たったり、転んでケガ（パワハラ、労働問題等）することもあるのではないだろうか。既に十分浸透している会社は、新人が入ってもすぐに馴染み、親しみが持てるように、経営理念の使い勝手を良くするための何らかの工夫が施されている。例を挙げると以下の通りだ。

① 入社時に一番時間をかけて経営理念を説明
② 朝礼始め、あらゆる会議前、経営理念唱和の約束遵守
③ 目に留まるあらゆるところに経営理念を明示
④ 経営理念の前を通るとき必ず、立ち止まって見る、読むルールの徹底
⑤ 誰もが空で言えるだけでなく、困ったとき、不安なとき、必ずその言葉が出る会社にする等である。

こうした理念の浸透を徹底する会社とそうでない会社、何が違うのかを考えてみよう。よく理念で飯が食えるか、と言う声を聞くが、そういう人にはこう言いたい。「光のある職場は、食える食えないではない。如何に美味しく食べることができるか、そしてそんなに美味しい食べ物なら社員の誰とも食べたい気持ちにさせてくれるか」である。経営理念を浸透させることは、チームワークを助長し、経営理念共有の原点にもなる。

ではどうすれば会社にとって、経営理念・方針が根をはり、幹を太くし、誰からも寄らば大樹の陰的存在（経営理念）になれるので

あろうか。まずは、会社の現状調査を始めることから勧めたい。重要になるのは使用度、活用度である。調査によって染み込み具合が判明したら、次の手順で「光る経営理念」作りをするといい。

（4）光輝く経営理念の作り方
① 全員を巻き込んで作る方法

アンケートやヒヤリング等でどんな会社にしたいか聞く。

> 《アンケート項目》
> イ）顧客（お客様）に対しどのような考え方が望ましいか
> 　・顧客第一主義
> 　・お客様目線のモノ作り
> 　・手にとる笑顔、作り手の喜び
> 　・より安く、より早く、より良い品を
> 　・その他
> ロ）従業員の福利厚生や働き甲斐に対し、どのような考え方が望ましいのか
> 　・豊かな暮らし、信頼で繋ぐお客様から
> 　・仕事の中に自己実現
> 　・誰かれなく感謝と思いやり
> 　・小さな改善、大きな改革
> 　・みんなで勝ち取ろう、心の豊かさ、生活の豊かさ
> 　・その他
> ハ）地域、社会に対しどのような考え方が望ましいのか
> 　・私たちの手で、社会貢献できる会社作り
> 　・小さな工夫で大きな利益
> 　・社会や地域の喜び、それが会社の喜び、私の喜び
> 　・叶えよう育てよう地域と社会への芽
> 　・その他

② 委員会の設置（メンバーは役職者だけでなくゼネレーションや部門へも配慮）
　イ）委員会を必要に応じ開催し、自主的に経営理念を作成
　ロ）項目数を予め決め、できるだけ異なる要素による経営理念を決定（お客様のこと・従業員のこと・地域、社会のこと等）
　ハ）決定した経営理念を経営幹部に上申、最終的には役員会等で決定する
　ニ）全員に公開

（5）光輝く経営方針の作り方
① トップダウン方式の場合
　イ）今年度積み残した重要課題を考える
　ロ）次年度に重要課題としなければならないことを考える
　ハ）イ、ロの場合も重要課題の選択基準は
　　・職場で今問題になっていること（会社全体・部門）
　　・他社に先駆けてわが社が今やらなければならないこと
　　・経営理念を受けて是非次年度に取り組みたいこと
　　・環境の変化（法律や制度の変更・同業他社の競争関係・地理的状況の変化等）に対応すること
　ニ）ある程度自分の考え（経営者又は後継者）が固まったところで文書にし、役員会又は幹部会に図り決定する
　ホ）全員に公開すると同時に、その目的や背景理由等を説明する

② ボトムアップ方式の場合
　イ）新年度のスタート3か月程前から各部又は課から問題を挙げさせ、方針をつくる上での課題を決定する

ロ）課題を受けて、部門ごとに部門会議で全員を巻き込むか、部門の管理監督者だけで会議を開催し、直面する重要課題について部門方針をまとめる
ハ）1か月程前に部門としての方針を決定し上申する
ニ）役員会を開催し、部門方針は部門長から出されたものを尊重、会社全体の共通事項に基づく方針は役員会で決定
ホ）全員公開すると同時に、その目的や背景理由等を説明

③ 折衷方式の場合

イ）②の方法によって提出された部門方針を担当役員が面談、すり合わせの上、部門方針を決定
ロ）会社全体の共通事項については②と同様
ハ）全員公開する。同時にその目的や背景理由等を説明

（経営者のミッション）

第2条 事業後継者と部門後継者の選任は、経営者最大のミッションである

(1) 事業承継の現状

　今日ほど事業承継、つまり後継者問題がクローズアップされる時代もない。何十年もかかって大事に育ててきた会社が後継者不在のために無くなることは、残念で悲しい出来事ではあるが、様々な理由があってこれでヨシと開き直る経営者も少なくない。とはいえ、わが子を失うような辛い現実を突きつけられ、慚愧の想いで扉を閉める会社もたくさん見てきた。社労士として多くの顧問先を担当させてもらって気づくことであるが、70才以上の経営者の事業所で、

後継者未定は約3割、これは中小企業白書（資料1）の調査結果とほぼ類似している。どうして後継者が決まらないのか、そもそも後を引き継ぐ者がいないのか、理由はそれぞれである。多くは次の3つのパターンに分けられるようだ。

【パターン1】現経営者と意見対立して、後継希望喪失の場合
　中小企業の場合、中小企業白書（資料2）によると4割近くが世襲（子や孫）の意向が強いが、実際現場で指導しているともっと数字が高くなり、世襲が約7割と言っていい。
　それだけに家族意識がそのまま経営方針等に反映されやすい。経営者を尊敬の対象として見るのでなく、「何でも言える親父」「好き勝手なことする息子」として見るだけに、あちこちで今後の会社方針を巡って激しく対立しやすくなり、やがて息子や孫が将来に希望を見出せず去っていくパターンである。

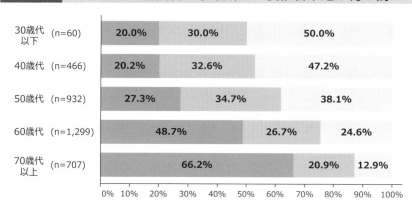

資料1　70才以上の経営者の事業所で、後継者未定は約3割

■ 決まっている（後継者の了承を得ている）
■ 候補者はいるが、本人の了承を得ていない（候補者が複数の場合も含む）
■ 候補者はいない、又は未定である

（出典：中小企業庁編　中小企業白書2023）

資料2 4割近くが世襲（子や孫）

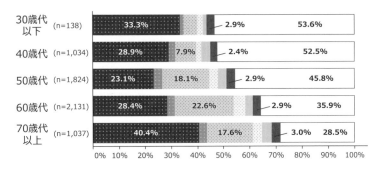

- 子供や孫に引き継ぎたいと考えている
- 子供や孫以外の親族に引き継ぎたいと考えている
- 親族以外の役員・従業員に引き継ぎたいと考えている
- 社外の第三者に引き継ぎたいと考えている
- 事業の譲渡や売却を検討している
- 誰かに引き継ぐことは考えていない・廃業を検討している
- 未定である・分からない

（出典：中小企業庁編　中小企業白書2023）

【パターン2】売上が思うように上がらず、引き継ぐにも未来がないことから親心で後継断念する場合

　企業寿命30年説がある。これはその企業が、事業を営む期間に何も手を打たず、これまでの栄光だけに縋っている場合だと30年くらいで衰退していくというものである。同様に顧問先の中には、何も手を打たないことはないにしても、あらゆる努力をしたにも関わらず、マーケットの冷え込み、人材不足、経営の将来性、思いきった設備投資ができない、融資見込みなし、そして後継者がいないこと等の理由で、将来の経営を見通し、息子や孫に引き継がせることが無理なことから撤退を余儀なくされるパターンもある。

【パターン3】経営者の高齢化、引き継ぐ親族が誰もいない場合

　このパターンが一番多い。70才以上になっても後継者が決められない理由をいろいろ見てきたが、やはり素直に「後がいない」ということもかなりある。世襲や世襲以外の親族から、社員の中から、同業者、銀行等から、お得意先から、いろいろ当たっても当たりがなければ、自ずと回答は決まってくる。事業内容が良ければM＆Aもあるが、それほど良くないと買い手もつかず、結局その灯りを消さざるを得ない会社も少なくない。万策尽きた場合の末路は、老衰による廃業である。

　次に3パターンを中心に、こうした後継者問題が発生したとき、どのようにしてその窮地を潜り抜け、「光る職場へ」前進することができるか、考えてみたい。

(2) 3パターンの解決法

　それでは、よくある後継者問題に対して、どのようにすれば、「光る職場へ」誘うことができるのか。

【パターン1の場合】

　言いたいことを言い合えるのは決して悪いことではない。まして企業経営のあり方、現状の打開策、将来ビジョン、重要課題への取り組み方等で意見が対立することはよくある。それは悪いどころか、むしろ良いことだ。しかし、意見の対立までは良いのだが、この先に問題があることが多い。息子の意見を聞かない、受け入れない、バカにするだけ、挙げ句の果て「出ていけ、辞めろ」等と全否定するだけで、息子は付いてくるだろうか。後継者としてやる気になる

だろうか。

　このような言動をしていた場合、後継者はいるけれど、いないも同然だ。もう一度、自分を見直し、改めて後継者と向き合ってはどうだろうか。次のことができれば、後継者はいないのではなく、きっとあなたの掌中にいることに気がつく筈である。

① 息子の良いところを見る
　良いところを見て、会話の中で、仕事の中で、できる限りそのことを口に出して言うのだ。「そんなふうに考えられるようになったのか」「そこだけはお前の方が凄い」「もう一度時間をとって考えてみよう」。キーワードは「受容」である。

② 受け継ぐ熱意を消さない
　「あんな考えでできるわけない」「理想だけで仕事はできない」ではなく、受け継いでくれることを素直に「ありがとう」と言えるようになることだ。大切なのは後継者の受け継ぐ熱意を消さないこと。どうしても「俺基準に」「従来基準に」考えたいものだが、そこが間違いのもと。「受け継ぐ意思」を最も尊重すれば、後継者を育てることはそれほど難しくはない。

③「ムキになる後継者こそ」
　自分と違っていいのだという違っていることを受け入れる心の広さ、器の大きさが何より成長の源泉になる。雨風は強ければ強いほど人はその強さに耐えようと抵抗し、それがエネルギーに変わり、資質向上に繋がるのである。現経営者との表面的な方針対立や考え方の違いより、もっと大切なのは、違う考え方を発信する後継者や

逆境をプラスに変える闘争心を受け入れることである。それを「肯定」する温かさが息子の小さな光を大きな光に変えるのだ。「ムキになる後継者こそ」最大の財産だと思えば、自ずと道は開けるものである。

現経営者と後継者の意見対立と、後継者の小さな光

【パターン２の場合】
　長く続いたコロナ禍により経営悪化を余儀なくされ、未だに景気が上向かない企業も少なくない。更に長期に渡る構造的不況、見通しの立たない不安経営、需要激減による赤字経営、生産活動が思うようにいかない非効率経営等々、あまりにも息子に気の毒で継がせられない…というように経営悪化の理由は様々だが、やはり親心が行く手を阻むようだ。

しかし、後継者さえ育成すれば、こうした窮地からあなたの企業も救われ、這い上がることもできるのではないだろうか。親心から光を消そうとしている経営者に２つのエールを送りたい。

① 「やる気財産」に光を
　人はどんな時、育成効果を上げるのだろうか。それは「失敗した時」「大きな過ちを起こした時」「誰かのために挫けてはならない時」である。経営者がこの先見通しが立たないからと親心から会社を閉めるのは、むしろ引き継ぐ者の「やる気財産」を捨てるようなものだ。ここでいう財産とは、これまでのスキル、機械設備、得意先、社員等あらゆる経営資源のことを言うが、本当の財産は、危機的状態である負の財産を、正の財産に変える「やる気財産」である。そこに火をつけるのだ。辛く苦しい環境も育成の場である。後継者を育てる最高のステージは、怒濤逆巻く大嵐の海原でいいのである。

② まずはプラス発想
　火をつける最大のポイントは、経営者であるあなたのプラス発想になる。変な親心は不要である。暖かさからの出発より厳寒の辛さからの出発をさせていいのだ。今一度、あなたの経営を思い返してみてほしい。平坦な道ばかりかというと、決してそんなことはないはずだ。しかし、立ちはだかる困難を乗り越えた時のあなたはきっと充実していたことだろう。自身の初心を思い出し、思いきって甘い親心は捨て、「最高の教場」「どん底体験」させる気持ちで送り出してみて欲しい。必要なのは「ぶつかってみろ！」の一言、あとは優しく見守るだけでいいのである。

【パターン3の場合】

　高齢なのに後継者なし。後継者問題で一番多いのがこの問題である。元気でやれるのもあと数年、しかし後継者がいない。息子はやらない、その他の親族もやらない、番頭や社員、取引先の人もやらない、いわんやM＆A等でこれまで築いてきた伝統や誇りを他人に売るのは忍びない。全て否定的である。そんな時は少し視点を変え、社内を見渡してみてはどうだろうか。

　あなたは後継者を育てることに、思いを、時間を、エネルギーを、真剣に費やしてきただろうか。案外答えはNOと出るものだ。今いる社員の中に「後継者」のカードを切ることも、そもそも考えてなかったのではないだろうか。そこで発想を180度転換し、数年後に閉めようとしている職場が、再度光の職場へと変わるように、こんな計画を立ててみてはどうだろうか。長いトンネルの先に「光る職場へ」が見えるはずだ。

① 　3年先の育成計画立案
　　イ）誰を後継者にするか決めて公開する
　　ロ）誰がどのように教えるのか決定する
　　ハ）半年ごとに育成レベルを設定する
　　ニ）原則PDCAで回す
　　ホ）一番はテクニックでなく「形ある愛情」

②「形ある愛情」
　　イ）1か月ごとの面談
　　ロ）1か月ごとにレベルを達成したら誉め、認め、励ます
　　ハ）達成しなくても一緒になって考え、やらせ、任せる

ニ）「後継者手当」を創設し、半年ごとに目標を達成できたらその達成度に応じて手当を支給する

ホ）後継者自身のアフター5を大切にする

ヘ）トラブル、進まない改善、難しい人間関係等について、一緒になって考える

ト）段階的リーダーシップの場面設定 → ステージ評価をする

チ）社員の皆さんに応援依頼する。そして、ことあるごとに「A君を宜しくお願いします」と伝える

（3）もう一つの後継者問題

① 高齢化に伴う各部門の高齢者問題

皆さんの職場で、今このようなことが起こっていないだろうか。

「A経理部長は高齢なのに、後任の人材が育っていない」「これまでB営業部長がいたから収益も確保できていたが、後任が育っておらず、お先真っ暗」「C開発部長のお陰で新製品開発を進めてきたが急遽退職。この後どうしたらいいか」「職人気質の技術者が多く、若者への技術の伝承が全く進んでいない」等々。多くの企業で、こうした問題は日常的に発生しており、相談件数も鰻登りである。

そこで部門後継者問題について3つの視点から考えてみたい。1つ目は「高齢化に伴う各部門の後継者問題」、2つ目は「特殊技術、特殊能力を必要とする後継者問題」、最後に「育てることをしない部門長の後継者問題」をそれぞれ取り上げてみたい。

イ）企業に見る高齢化事情

高齢化は何も企業に限ったことではない。少子高齢化は、まさに社会問題として様々な業界に大きな影響をもたらしている。もしあなたの会社でそのような状況に陥ったら、どのよう

な手立てを講ずればいいか、もう策は示されているだろうか。分かってはいても、具体的な策が示されない企業は決して少なくない。それが各部門の後継者となると更にその数は多くなり、予想もつかない程である。

ロ）高齢化も悪くはないが…
　一つの会社に長く勤務することは会社にとってもその人にとっても素晴らしいことだ。しかし、部門後継者がいないとなれば話が違う。会社で若手が育っておらず、勤務年数は長いものの、その多くが高齢者という状況になれば、企業寿命に大きな影響を与えることになる。そこで必ずやらなければならないことは、部門後継者の効果的な育成である。

ハ）育成法いろいろ
　ⅰ．ヘッドハンティング
　　費用対効果も大切だが、外部から優秀な人材を管理職として登用することも同じくらい大切である。高い費用も早期に戦力化することで回収することができる。
　ⅱ．ローテーションの試み
　　会社を見渡し、これまで総務だった人に営業、営業だった人に製造といった形でローテーションしてみる挑戦も部門後継者作りに欠かせないカードだ。大企業の強みは計画的に配転することで、どのポジションでも後継可能な人を育て上げることができることだが、中小企業は部門の固定性が強く簡単ではない。しかし、適材適所を考慮したローテーションなら可能である。あくまで試みであるが故に、不適応の場合は

元へ戻すことができ、自在性も高い。
iii. 応募制採用

自己申告等により本人の意思を確認して、部門後継候補者の応募制を採用するのも一つの手である。応募制を導入した場合、課長以上か、一定要件を備えた人だけに応募権を付与して、それに基づき「部門後継任期制度」導入を図って一定期間トライさせ、合否を決定することになる。

iv. 基本は若手育成

高齢化に伴う後任探しで一番の手は、若手育成をまず手掛けることだ。時間はかかるが、その分最も果実が大きく実る方法である。

v. 若手育成のポイント
- 20年以上の年の差
- 費用対効果より時間対効果（マイルストーンの実践）
- 「誉める」と「叱る」の徹底
- 相対教育ではなく絶対教育
- 本人意思尊重型目標管理
- トップによる面談効果
- 可能な限り可視化（成長度グラフ）する

高齢化に伴う部門後継者不足は、放置すれば放置するほど抜き差しならぬ状態に陥ることが明白である。今からでも対応は遅くない。

② 特殊技術、特殊能力を必要とする後継者問題

職人気質とは、よく聞く言葉である。多くの職場がDX、ITの波でかなりデジタル化され、その人にしかできない技術を要求されることも少なくなってきた。しかし、システムやマニュアルで画一

的・統一的にできない、いわゆる匠の技術が不要になったわけではない。それどころか、むしろデジタル化が進めば進むほど、容易に習得できない特殊技術、特殊能力を有する企業の強みは顕著になっていくだろう。

今、あなたの企業でこのようなことは起きていないだろうか。「一番の稼ぎ頭である後継がいない」「特殊技術を持った人が教えようとしない」「うちは職人ばかりで教え方を知らない」「教えるより自分でした方が早い」等々。特殊技術・能力を必要とする後継者問題である。技術力は財務諸表に表れないが、万が一その一番の技術力を持つ人がいなくなれば生産力は落ち、利益は薄くなり、夢や理想は萎え、折角積み上げた企業財産が崩れかねないことになる。こうした技術者不足で悩んでいる企業において、大事な特殊技術・能力を絶やさないようにするにはどうすれば良いかを考えてみたい。

イ）人材の棚卸し

　今あなたの会社で働く人の中で、誰が、どのような技術、とりわけ特殊技術・能力を持っているかの棚卸しである。

　ⅰ. 技術レベルの程度
　ⅱ. 指導力の有無
　ⅲ. 代替性の有無（その人以外の互換性）
　ⅳ. 後継指導する場合の時間確保、それに要する総時間等

ロ）後継の決定方法

　案外、誰を後継にするかで悩んでいる企業が少なくない。そこでどのようにして特殊技術、特殊能力ある後継者を選任するかを考えてみる。一般的には、

　ⅰ. 手上げ方式

　　　　この部門の後継になりたい人を無作為に応募する。
　　ⅱ．ヒヤリング方式
　　　　社員ヒヤリングでは希望を聞くだけではなく、それらしい人に積極的にアプローチする。
　　ⅲ．自己申告方式
　　　　アンケート等を利用するなどして、将来したい仕事を自主的に申告させる。最も、このようなことをしなくても既に決まっていればその人で十分である。
ハ）効果的育成法
　最後に後継をどう育てるのか、ここが最も大切なことだ。そこで、育成プランを立てる前に必ず振り返って欲しいことがある。それは、これまで特殊技術者の後任を育ててきたことがあったのかどうかの検証である。この検証こそ、これからスタートする後継者育成の大きな道標になる。
　一言で言えば、後継者育成をやったけれどダメだったのか、それとも全くやらなかったのかの確認である。このことを踏まえた上で次のような育成法を参考にして欲しい。
　ⅰ．特殊技術者と会社とで、十分に時間をかけて話し合う
　　・後継者の必要性
　　・選任した人をどのように育てようとしているのか
　　・育て方がわかっているのか、わからないのか
　　・育てる気があるのか、ないのか
　ⅱ．どんなことがあっても特殊技術者を育てること
　　　会社も、場合によっては育成に関わる社労士も、特殊技術者の育成を親身になって助言することを伝える。

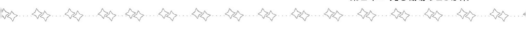

iii. 育成プランの作成

　プランは細かく作成するのではなく、1年ごとの後継者達成レベルと簡易な育成法だけプランニングする。

iv. 達成レベルは大黒柱

　達成レベルが決まれば、あとはレベルに応じて大骨組み、中骨組み、小骨組みを作るのみだ。それらは会社か、場合によっては社労士等の力を借りて作成する。

v. 社長や役員の関わり

　育成プランを作成したら、必ず社長や役員の検証を受ける。社長や役員は、特殊技術者の後継者OJT（特殊技術者と後継者のどちらも見る、聞く、話し合う等）に深く関わることが極めて重要である。この関わり度合いこそ、特殊技術、特殊能力者後継誕生の可否になると言っても過言でない。

vi. さぁ、いよいよスタート

　長丁場になるが、基本はPDCAで回す。つまり四半期ごとの面談や点検、必要に応じ早期是正プランを作成する。

③　育てることをしない部門長の後継者問題

　部門後継者を育てるにあたっての問題の一つは、高齢化した職場にそもそも後継者のいない事業所の問題があることだ。そしてもう一つの問題として、特殊技術・能力のある人の後継者問題を取り上げてきたが、日常茶飯事的に見受けられる、そもそも「育てることをしない部門長」がいることで後継者が育たない問題を取り上げる。

イ）育てることをしない部門長の現状とその理由、背景等

　育てることをしない部門長や社長にその理由や背景を聞いてみると、特に多く挙がる意見は以下の通りだ。

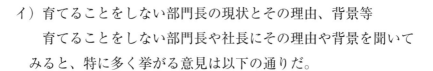

- ・社長から言われていない
- ・この部門は後継必要なし
- ・忙しくてできない
- ・まず仕事、育成は二の次
- ・しないのはどの部門も同様
- ・企業後継者さえいない
- ・対象者がいない
- ・育て方がわからない
- ・育ててきたが効果なし
- ・やれるのは自分しかいない
- ・いつまでも働きたい
- ・任せたくない

　では、こうした状況からどのようにすれば育てることができるようになるのか。

　育てることをしない理由も多様であるため、その対応も一通りではない。しかし「効果的な育て方をどのようにしたら良いか」という観点から、既に部門後継者がいることを前提に解説する。この場合、考えなければならないのは次の２つの課題への対処方法である。

ⅰ.「育てることをしない部門長を、育てる部門長に育てる」には
ⅱ.「その部門長が、部門後継者を効果的に育てる」には

ロ）育てるようになる部門長を作るには

　まず「育てることをしない部門長を、育てる部門長に育てる」にはどうすればいいのか。これにはいろいろな理由があり、その理由別、原因別に対応することが大切である。

- ・経営者自らが部門長に、後継者育成の大切さを説き、部門長の任務であることを伝える。

- 後継者の育成努力及びその成果を評価対象とする。
- 後継者育成は、社長命令であることを理解させる。
- 部門長に自信を持たせる。

  「君しかいない」「困ったら僕に相談」「まず１年間やってみて」「自分のやり方でやればいい」「部門長の指導法を一番と信ずること」等の声かけを常に行う。

- 経営者と部門長で、十分に時間をかけて話し合い、どうして育てることをしないのか、真意を聞いて対策を考える。

ハ）「部門長が部門後継者を効果的に育てる」には

部門後継者が育っていない企業では、やはり「育て方が分からない」「育ててみたが未だ効果なし」と言う声が圧倒的に多い。それらを大きな育成障害要因とし、次のような手順、育て方に挑戦してはどうか。

ⅰ. 後継者を決定したら、まず後継者自身の意思確認

当たり前のことだが、後継者にどの程度「意思量」「挑戦意欲」があるか確認する。部門長が求めるレベルの強い意思がないのであれば、まずその「意思量」を増やすことから始めることだ。これが無ければ、できるまで時間をかけて説得する。もちろん社長や役員を巻き込んでやるべきである。育成の成否は「意思量」で８割決まると言っても過言ではない。

ⅱ. 育て方の基本は相手目線

後継者の性格、力量、適性、やる気度合い、興味等あらゆることに対する考えを、徹底した「相手目線」の育て方に終始する。そして、効果的に進めるために、「日々相談、日々話し合い」を休むことなく実行することである。

要は「触れ合い量」である。質より量が大切。毎日、目と目を合わせ、常に「相手目線」で話すタイミングを作ることこそ肝要である。

iii. 後継者の今日までは「言葉で評価」

後継者の自信を育むのは上司、先輩の一言である。「漸くここまできたか」「今はここまでできれば十分」「そろそろ自分でやってみて報告だけしてくれ」等、まずは現状を認める、受け入れる言葉をかけてみる。ここまで来ればあとは繰り返しである。

教える人と教えられる人の目線が同じ

（組織は生き物）

第3条 組織は生き物である。生き生きとした組織は、健全経営の根幹である

1 生き生きした組織の条件

　人が2人集まれば組織が生まれる。組織に2人の人間がいる場合、その経営方針や役割は異なるものになるだろう。そして、組織では舵取りを行い、その結果の責任を負う最高責任者を決めなくてはならない。多くの場合、最高責任者の役割は2人のうちのどちらか一方が負う必要がある。もし、たった2人だけでも同じ方向を向けず、一人一人勝手な方向にそれぞれ進路を決めて歩き始めればベクトルは限りなく0になる。それは組織としての体を成さなくなる。組織は無用な綱引きをするためにつくるのではなく、むしろ2人でも力を合わせ、2人以上の力（相乗効果）を出せるところに意味や価値がある。

　第3条では、文字通り、健全経営の根幹をなす組織体を如何につくるのか、そしてその組織体を今以上に大きく、強く、逞しく、時には優しく活用するにはどうすれば良いのか、そのようなことを多くの視点から総点検し、あなたの企業・組織の活性化に役立てて欲しい。

　組織を活性化するには、10の約束事がある。あなたの企業・組織が全ての約束事を守った完璧な状態であることはまずないだろう。しかし、少しでもその状態に近づけようと努力すれば、間違いなく「活性化の波動」はやってくる。そして、その波動によって元気な企業・組織に変革することも夢ではない。まさに「光る職場へ」

の第一歩である。

　ここでは、項目ごとに実際にあった事例を分かりやすく紹介し、その上であなたの会社でどうすれば良いのか、組織を扱うものの立場、視点に立って、分かりやすく解説したので、是非、思い当たるところがあれば、即実行していただけるとありがたい。

② 今何故、組織力か

　2024年のパリオリンピックでは、日本人アスリートの活躍に固唾を呑んで見守ったものだ。惜しくもメダルに届かず涙を飲んだ選手もいれば、最後までベストを尽くせたことに達成感を感じた選手もいただろう。個人競技はともかく、チーム競技は何よりもチームの組織力が求められることは痛いほど感じた。オリンピックでは、監督が出す適切な指示と、その指示を受けるプレー中の選手の適否の判断がその勝敗まで分けていたように感じる。「チーム」を勝たせるために、選手という「個」を生かす組織力。これは会社・組織にも置き換えることができるだろう。

　本項では、今あなたの会社に一番求められている組織力について様々な角度から点検し、組織力強化のためのノウハウを詳細に解説させていただく。そして、「組織力の原点10則」を、あなたの会社に当てはめて考えてもらいたい。

監督指示のもとに一糸乱れずプレーしているアスリート

③ 重要事項10則概要

1 指令系統の統一

　企業は職務ごとに部門化しており、部門リーダーの指示によって動いている。指示系統を統一しないとチームは乱れ、方針が正確に末端まで伝わらない。又、個を熟知した人が司令塔になると、個と個の総和により力が増すことになる。個をまとめ統一された指示系統によってゴール目指すとき、組織は最大限の力を発揮する。

2 権限委任と報告

　上司はどれだけ部下を信頼し任せられるか。その大小が、ことの成否を決することはたくさんある。任せることで大きな自信に繋がったり、責任感やモチベーションを飛躍的に高めたりすることもできるのだ。

3 職務充実と職務拡大

　職務充実とは、ある仕事を作業ベースでも管理ベースでも任せ、仕事の全責任をその人に持たせることを言い、職務拡大とは、多能工化のことである。組織はいつ緊急事態に巻き込まれないとも限らない。その時、どんなこともできるチームであれば緊急事態何するものぞ、である。

4 役割認識の統合

　管理職として仕事を振り分ける上司と、与えられた仕事をやり遂げる部下では仕事に対する認識が異なる場合がある。例を挙げてみよう。

　部下のAさんは、上司のBさんから「この仕事を3時までにお願い」と頼まれ、「はい、わかりました」と承諾。しかし、3時までには終わりそうにないものの、あと1時間もすれば終わると判断したため、仕事が終わった4時の時点で報告をした。しかし、Bさんはこれに酷く激怒した。この場合、BさんはAさんに「時間内に」仕事を終わらせることを期待していたのに対して、Aさんはただ単に「仕事を終わらせる」ことだけを役割として認識していたものと捉えることができる。

　このように、上司の期待と部下の受け止めが一致しないことは多々ある。こうしたミスマッチは仕事にブレーキがかかるだけでなく、人間関係さえ悪化させることもある。

5 役割の明確化

　班長職、課長職を命じられながらその任務に応えられない人をよく見かける。組織力の基本は、自分自身の役割を明確にしておくこ

とだ。ところが、案外中小企業では、班長なのに、課長なのに、「何も分からない、何もできない」で終わることもしばしばである。

6 管理の限界と拡大

3人の部下に手を焼く組織もあれば、20人の部下の力を遺憾無く発揮できる組織もある。どこに違いがあるのか。答えは一つではないが、上司の管理スキルと部下の業務スキルが低いときには前者の例が、高いときには後者の例が見られる。

7 タテ・ヨコ・ナナメのコミュニケーション

これほど企業の中で大切なことはない。朝の挨拶から始まって、打ち合わせ、会議、部下指導、業務指示、トラブル調整、更には基本のホウレンソウさえ満足にできず、組織力を発揮できていない企業が余りにも多過ぎる。

8 ストローク環境の醸成

相手が喜ぶような働きかけとしては、「ありがとう」「おはよう」「お疲れ様」「よく頑張った」「君のお陰で」「手伝おうか」「期待してるよ」等の我々が日々何気なく使っている言葉が挙げられる。こうしたストロークの量（回数、頻度）が、職場のやる気環境に大きく影響しているにも関わらず、何気ない声かけすらできずに手をこまねいている企業の多さに驚く。

9 仕事の与え方の工夫

あなたの職場の部下に年上の人、頑固な人、プライドの強い人、威張っている人等といった人はいないだろうか。どんな人であれ、

あなたの指示、指導をしっかり受け止め、その効果を発揮しなければ何もならない。仕事の与え方次第で、人はやる気になり、あなたとの方針共有も頻繁に行うようになる。仕事の正しい与え方を身につければ必ず組織の活性化に繋がる。

10 適材適所の配置と適正要員

「人の強みを爆発させ、弱みをなくすこと」とはドラッカーの言葉だ。やさしく言えば適材適所。組織強化で大きな効果をもたらすには、限りなく適した仕事を与え、なおかつ不足の場合は適正要員を動員する。この原理の徹底こそ組織強化に欠かせない。

■ その1　指令系統の統一 ■

あなたの職場で少しでも「光る職場へ」を目指すなら、これから解説する10則のいずれについても、それができているか否かで組織力、企業力に大きな影響を与える。

ここからは、1則ごとに事例を紹介しながら、如何にして組織力、企業力を高めることができるのか、そのようなことを社労士として、日々の実際のコンサルティングの中で起こった事例をもとに解説させていただく。

（A社の事例）

100人の社員を抱える製造業のA社は、ここ数年、退職者が続出している。関係者にヒヤリングをしたところ、一部の管理監督者の管理スキルが低いこと、部門同士のコミュニケーションが取れていないこと等の理由もあるが、一番は社長が部課長を通さないで末端

の社員にまで直接指示、命令、そして自分勝手に仕事を進めてしまうことであった。

　無論、このことだけならば社員のモチベーションも下がることなく定着率にもさほど影響しないが、この社長は気に入らないことがあると「そんなことも分からんでどうする」「ちゃんと言ったようにやれんのか」「やれるまでやってみろ」「そんなことで一人前と思うな！」と怒鳴ってやらせることも度々あったという。社員も管理監督者を通してではなく、トップからそのようなことをダイレクトに言われれば、返す言葉もなくついつい気落ちし、前向き感も失くしてしまうだろう。更に失敗が続くと、中には精神疾患を発症する者も出てくるなど、退職者があとを絶たないのである。

　この例を読んでどこに問題があるかは、お気づきだと思うが、まとめると次のようになる。

１ Ａ社の問題点

① 社長から部課長を通さず、直接社員に指示、命令
② 部課長を通さないので、部課長による部下管理が不能
③ パワハラ同然の言い方で部下を無抵抗にする「俺の言うこと聞けないのか方式」
④ 社内環境に悪影響を与える異常なトップダウン
⑤ 管理監督者の管理スキルの低下と意識の脆弱さ

２ どのような対応が望ましいのか

　このような企業はどこでもよく見受けられるが、それでは企業はどのようにすれば、もっと組織力を生かして企業力を高めることができるのかを考えてみたい。

① トップによる末端社員への一方的指示を止める

② 管理者を信頼し、そこに問題があれば、まず社長自らその管理者を育てる

③ No.2、3の人から社長へのパワハラ的言動を慎むよう、それなりの提言をする

④ 会議体の改善。例えば、幹部会には社長の出席を除くか、言いたいことがあれば社長は最後に話してもらうようにする

⑤ 末端社員にまで指示、命令、指導をする場合、必ず直属の管理、監督者を通して行うか、どうしてもする場合には、前でも後でもその管理者、監督者に報告する

「指令系統の統一」が無いために起こる様々な障害は、こうしたことを行うことで大きなメリットが生まれ、更に強い組織力、企業力を始めとした連帯感、信頼関係、モチベーション等も飛躍的に期待できるのである。

もちろん、次のようなことがある場合には、例外的に「指令系統の統一」を無視して良い。

イ）判断を要さない簡易な指示

ロ）管理者不在、出張中等

ハ）緊急事態発生時

ニ）予め管理者を通さないことを定めている場合　等

（A社への具体的指導内容）

　A社に対する具体的指導内容をここで紹介したい。まだコンサル途中ではあるが、ここまでの指導内容と今後のコンサル方針として次のようにしたい。

3 これまでのコンサル内容

① パワハラ社長への個別指導
② 取締役連中への指導
③ 関係者へのカウンセリング
④ 役員会等で「指令系統の統一」の大切さを理解させる
⑤ 社長に退任要請

4 今後のコンサル方針

① 各役員への組織研修
② 新社長への継続的コーチング
③ 管理者教育で各自の役割の理解と効果的な実践指導
④ 会議体のあり方を全面改装
⑤ 社長 → 会長就任後の個別ケア

とりあえず、上記のように実行することで労働環境も少しずつ変化してきたが、まだ「光る職場へ」まではかなりの距離がある。

もし、これに似た企業があるようであれば、是非、「指令系統の統一」が何故大切なのかを考えてみてほしい。そして、「指令系統の統一」によって組織力強化、企業力向上を図ってほしい。一番の近道は、「社長発」で決めること、そして明日からでも管理者を信頼してA部長、B課長、C係長を通すことから始めることである。

実際、このA社は私どもとの信頼関係から、経営のあり方、人事方針、働き甲斐を感ずる職場環境の他、ひいては定着率を高めるため経営者、管理者から、監督者に至るまで、「指令系統の統一」の大切さが浸透し始めていったのだ。誰もがこのテーマと向き合うことが、組織・企業力強化の第一歩であり、組織原則の一つでもある「指令系統の統一」を実践することに繋がるのである。

■ その2　権限委任と報告 ■

　多くの企業を訪問して、「うちの会社は権限委任を大切にしています」と言う企業で、職場の雰囲気、経営状況が悪いとは聞いたことがない。「権限委任」が、それくらい職場環境を良くすると共に、企業発展の原動力となっている証である。

（B社の事例）

　各リーダーによるパワハラ紛いの指導等が行われており、気がつけば営業・製造どちらの部門もほとんど部下が育っていなかった。2年前、職場活性化の依頼を受け、早速カウンセリングを実施した。すると、営業目標やその達成方法、更には買値・売値の決定に至るまで全て部長指示か許可が必要だということが判明した。10人の営業部員は常に部長の顔色をうかがいながら営業をしており、そして工場では70人の部下の1日当たりの生産量、仕事の流し方等まで全て工場長が決定していた。できなければやれるまでやりきって終わらせるという上意下達方式であることが分かった。

　この手法、売り上げや生産量が右肩上がりの時は良かった。しかし、カウンセリング結果で分かったことは、定着率が悪いこと、主体性が極めて低いこと、達成意欲や改善意欲が乏しくできなくてもまるで他人事なことだ。そして高齢による2人のリーダー退職に伴う組織の弱体化は自明の理、抜き差しならぬ状態である。

　B社のどこに問題があるか。もうお分かりだと思うが、要約すると次のようになる。

1 B社の問題点
　① 　パワハラ的言動

②　上意下達方式による部下の意見を聞かないリーダー
　③　大事なことを任せることをまるでしない
　④　リーダー2人の高齢化と全く育っていない部門後継者
　⑤　誰も何も言えない、言わない職場環境
　⑥　やりきらないと帰れない仕事量と就業環境
　⑦　経営者の2人のリーダーへの権限委任ではなく権限放任
　パワハラ防止法が2022年4月に施行されたが、まだまだこうしたパワハラ問題はあとを絶たない。B社もその例に漏れないようだ。それではこのB社、どのようにすれば「光る職場へ」向かわせることができ、そして組織・企業力強化を図ることができるのだろうか。

2 どのような対応が望ましいのか

　①　経営者の強いメッセージ
　　イ）トップダウンだけでなくボトムアップ経営の大切さ
　　ロ）パワハラによる指導法は企業悪であり、組織力低下に繋がること
　　ハ）権限委任の大切さ
　　ニ）評価項目に部下指導法とその成果のウエイトを高める
　　ホ）専門家によるコーチング
　②　まず1日の仕事量、仕事の流し方は課長以下の者に任せ、それを工場長が確認するシステム
　③　誰が、誰に、何を、どのような方法で、いつまでにできるようにするのか、簡単なOJTプランを作成
　④　経営者が、もっと意図的に営業部長、工場長との関係強化を図ること
　⑤　労働時間管理の徹底

3 権限委任する上での注意事項

① 最初に委任条件の明確化
  イ）3万円以下での決定権
  ロ）値引きには応じない
  ハ）予定より逸脱したことが発生した時は単独で決定させない
  ニ）質トラブルによる保証範囲は決めない
② プロセス規制なし、但し結果に対する規制や責任あり

4 大きな権限委任効果

① モチベーションアップ
② 責任意識の醸成
③ 上司、部下との信頼関係
④ 上司の管理的行為拡大
⑤ 部門後継者の育成効果大
⑥ 明るい職場環境

5 B社への落とし込み

　こうした問題を受けて、2人の部長、工場長の退職を控え、かなり思いきった労務施策を展開した。組織力強化に「権限委任」を最も大切な経営方針に加えたこと、モチベーションがかなり低下したことによる生産量への影響を考慮して、思いきったボトムアップ方式と管理者育成対策を提案、経営進路を大幅に変更し、次のような対策を講じた。

- 新任工場長擁立に伴うボトムアップ方式の導入
  イ）幹部会、班長会実施
  ロ）班会議により意見聴取の場を増やす

ハ）どんなことも重要なことは幹部4人で決定
ニ）営業部門との密な連携
ホ）年1回、全社員ヒヤリング
ヘ）社長への報告重視

　これまで工場長にほとんど任せていた工場管理を、新工場長就任にあたり、社長も工場訪問重視、工場長にかなり権限委任するものの逐次報告の徹底を図ることで、循環型経営（トップ → 管理者 → 全社員の意見 → 管理者 → トップ）が定着しつつある。

　このように権限委任は、その企業成長のバロメーターになるくらい大切な経営施策の一つでなければならない。これまでのB社とはかなり変わったようであるが、これも「権限委任と報告」を経営方針の柱にしていただいたからに他ならない。今後、権限委任の中身にも強い関心を持って更なる組織力、企業力強化を図り、全社員のモチベーションを最も大切にしたいそうだ。

■ その3　職務充実と職務拡大 ■

　スウェーデンのボルボ社の車は、高い安全性を追求しており、そのデザインが洗練されていることはボルボファンならずとも多くの外車ファンの一致した見方だ。そのボルボ社の労務管理策として、「職務充実（垂直的深掘り）」を生産現場へ取り入れ、社員のモチベーションアップと生産性向上に繋げた話はよく知られている。そしてもう一つ、日本発、日本人好みの労務管理策が「職務拡大（水平的広がり）」である。今では「多能工化」と言葉を変え、多くの生産現場で採用されている。どちらも組織力を利用した生産性向上に欠かせないカードであることに間違いない。

(C社の事例)

営業部門を擁するC社から「部長のパワハラがきつく退職したい人がいるので相談にのってほしい」との連絡が入った。聞いてみると担当営業員のお客様別仕入れ価格や販売価格決定まで、担当営業員の了解も取らず、勝手に変えてしまう他、日報に毎日のようにパワハラ的書き込みをして営業活動をコントロールしているとのこと。そして生産部門からは、専門性が高く代替性がないため、人の移動ができなく、時には生産停止、特定部門への過度な残業、クレーム多発を招いているという連絡が入り、早速調査を開始したところ、次のような問題が明るみに出た。

1 C社の問題点

① 営業員の活動が、絶えず部長によってコントロールされ、モチベーションが上がらない
② コントロールの仕方が高圧的で、各営業員の意見が言えない
③ 結局部長がやるからと各自の責任意識が低下する無責任汚染の発生
④ 仕事に繁閑ができても異動できない非効率的な生産体制
⑤ 特定部門の超過勤務が続き、社内での不満が拡大
⑥ 納期に遅延が発生して、お客様からのクレーム多発
⑦ それでも隣の芝生状況（暇な部門を羨むムード）

このように、2つの障害要因から社員のモチベーションダウン、無責任風土化、更に現場では効率のいい、バランスの取れた生産体制が難しくなってくる。そこでここでは、「職務充実」「職務拡大」に分けて対策を考えてみる。

2 どのような対応が望ましいのか

① 「職務充実」を進める場合

イ）経営判断で、営業部長のパワハラ言動に対する指導は元より、一度思いきってある程度、力のある営業員（数人いる）に全て任せてみること。

ロ）前回述べた権限委任は、ある一部を任せることだが、「職務充実」は、営業員に全ての営業活動を任せ、営業本来の活動から管理活動までを任せる仕組み。そして営業部長は、各営業員と週ごとか、月ごとに暫く面談制度を設け、そこで彼らの意見を聞き、考えさせ、言わせるやり方に変える。そうすることで、本人の主体性が育まれ、モチベーションアップ、責任意識の強い営業員の成長に繋がるのである。

② 「職務拡大」を進める場合

イ）まずは各現場要員の現状把握（スキルマップ）。

ロ）次に誰にどのような仕事を、いつから、誰が、どのレベルまで教えるのか、そんなアクションプラン作成。

ハ）スキル進捗状況は、できるだけ誰もが見えるところに公開。全社員で多能工化を進めると、より効果がある。

しかし、このように２つの労務管理策で、組織力強化を進めようとしてもいくつかの壁に当たることがある。その壁を乗り越えてゴールを目指すための注意事項である。

3 「職務充実」「職務拡大」する上での注意事項

① 「職務充実」の場合

イ）一人で全てのことをするため主体性こそ喚起されるが、効率性の観点からスピードが削がれることになる。そのため生

産現場より、営業部門のようにお客様を単独管理する場合は効果大である。

　　ロ）お客様管理が営業員単独のため、トラブル等の未然防止にリスクが伴うことから、報告の徹底、又は計画の公開性を高めておくことが大切。

② 「職務拡大」の場合

　　イ）一番大きなリスクは時間。余裕ある時間が無いため、やりたくても多くの企業で多能工化が進まない。しかし多能工化の重要性を説き、どんな小さなことからでも始めれば時間の問題も軽減される。

　　ロ）もう一つのリスクは、教える側、教えられる側の問題。職人気質で任せる、教えることが苦手等の問題がある。教えられる側の問題としては、高齢化、今更的考え、今の仕事の専門性が低くなる等。こうした問題を解決する最大のカードは「必要性」である。

4　2つの経済効果

　組織をこれまでのスタイルから「職務充実」「職務拡大」を導入するスタイルに変えることで、経済効果はかなり高まる。「職務充実」によるモチベーションアップ、責任意識の醸成は、限りなく企業に大きな利益を、そして「職務拡大」による多くの社員のスキルアップが繁閑の均衡を促し、納期遅延の解消や生産性向上に繋がり大きな利益をもたらすことになる。

5　C社への落とし込み

　最後にC社への落とし込みを次のように行った。

① 「職務充実」の実践
　イ）人事の刷新を図り、新任営業部長を選任、これまでの部長方針を改め、仕入れ、販売価格決定を本人に任せ、報告だけ受けるシステムにする。
　ロ）月単位で営業部長に販売計画書を提出、又その管理を本人に任せ、更には営業会議等で問題を公開して問題共有と目標達成プロセスを共有することで一体感作りを図る。

② 「職務拡大」の実践
　イ）とりあえず、スキルマップの掲示。誰に何をいつまでにするのか、そんなプランを作成して、やれる人から実践する。
　ロ）四半期ごとに達成成果を公開。誰もが多能工化状況を共有して、各自のモチベーションアップに繋げる。
　ハ）「多能工化の促進」の原点は、各自の意識、必要性であることから、標語募集、朝礼での働きかけ、幹部会議でのテーマに必ず加える。

こうした2つの取り組みで、更なる組織力、企業力強化に繋げていく。まずは「経営者の熱い意識」が一番。

多能工化による生産性アップ

■ その4　役割認識の統合 ■

「それではお客さんが喜んでくれないでしょう」「僕が君に期待しているのは、そういうことじゃないの」「仕事が終わったら報告するのは当然でしょう」…こんな上司と部下との間に行き違いのある会話を聞いたことはないだろうか。毎日のように部下に仕事の指示を出す時、やってもらった仕事の報告を受けた時、上司の期待と部下の受け止めが一致しないことは決して少なくない。そうすると、上司はどう思うのか。部下はどう思うのか。それぞれが「これではダメ」「これでどうしてダメなの」と気持ちのズレ、ミスマッチが生じ、挙げ句の果てには、上司と部下との人間関係、信頼関係に隙間ができることも多々ある。上司の指示や指導をしっかり受け止め、上司の期待と同じベクトルで部下が受け止めること。これを「役割認識の統合」という。

今回、重要な約束ごとである組織原則10則の中でも、とりわけ大切な「役割認識の統合」を取り上げ、ミスマッチのない関わり方を探索したい。

(D社の事例)

突然、D社の社長から電話があった。「フィードバック面接でこちらの評価について納得しない部下にどのような説明をしたらいいですか」と言うのだ。詳しく聞くと、130人程の社員を抱える社長が、部長のフィードバック面接をした時、社長評価はCなのに、本人評価ではAと言い張るというのである。社長の言い分は「部下のKに対して指導が殆どできてないからC」、これに対して部下である部長の言い分は「Kへの指導は僕なりに誠心誠意しているけれど全く変わらないので仕方ない。誰がやっても同じはずです」と言うのだ。

まさにミスマッチ。どこまでいっても平行線なので、どのようにしたらいいのか、ということである。

1 D社の問題点

　この問題はどこでもある事例。おおよそ人事評価をしていて、自己評価制度を導入している企業ならこうした問題は日常茶飯事である。一般的に、こうした上司評価と部下の自己評価との間に、２割程度の思い違い、ミスマッチがあると言われている。つまり、各評価項目を５点評価でした時、全ての項目に上司が２点つけるとすれば、部下は３点つけるということである。

　しかし、こうして面談を通して、この違いを相手に理解させ、伝えておかないと上司と部下との間に溝ができ、ひいては、上司は「どうして僕の期待がわかってくれないの」、部下は「ちゃんとやってるのにどうして認めてくれないの」ということになり、やがては上司との間に溝ができてしまうことが少なくない。

◆ 問題点の探索を試みる。
　① 　上司は上司目線、部下は部下目線でしか見てない
　② 　Kへの評価を上司は結果で、部下は努力やプロセスで評価していること
　③ 　上司はアバウトな見方、部下はかなり切り込んだ詳細な見方
　④ 　ここ数年、同じ評価だったところを新たに変えた上司、これまで特別変わったことをしてないので変えない部下
　⑤ 　実際の評価とは関係ない部長への周りの評判利用

2 どのような対応が望ましいのか

①について

　「部長ならここまでやって当たり前」、それを基準にするから評価は辛口になる。ここでいう部下目線とは、部下にAをつけた理由を聞き、そして、その理由を受け入れることである。「君がAをつけたのは、○○の理由なんだね」と。このことを「明確化」というが、それをした後で上司がCをつけた理由を言う。Kへの指導、部長としてやることをやっているのか、そのような結果になったことに、更なる粘り強さを持ってやろうとしているのか、変わらないのをKのせいにしてないか等。そして、そのような気持ちで指導したにも関わらず結果が出なければ、それを謙虚に振り返り、部長自身の力の無さを思う大切さを指導するのである。つまり、それこそが部下目線に立った上司指導である。

②について

　解決する最もいい方法は、
　　イ）評価項目ごとに結果評価だけでなく、プロセス評価も加えること
　　ロ）プロセス評価はできる限り本人評価尊重すること
　　ハ）面談の際は、できるだけそのプロセスを詳しく聞くこと

③について

　評価者訓練、フィードバック面接訓練等をして、具体的な事実に基づいて公正公平な評価ができるようにすること。

④について
　数年Ａ評価だったのが、いきなりＣ評価。しっかりした根拠もなく殆ど部下Ｋの育成が進んでいないことから、ややペナルティー的な評価をするのではなく、今年の実態を見た上での評価とすること。

⑤について
　周りからの評判の聞き伝え、人伝を根拠に評価することは誤評価のもと。自分の知る事実だけをできるだけ多く集めて評価すること。

3 「役割認識の統合」する上での注意事項
① 大事なことはメモと要点の復唱
　イ）いわゆる行き違い、思い違いをなくすために最も基本的なことは、「メモする」というより「メモさせる」こと。そしてそれを部下に復唱させること。
　ロ）伝えたことが、ホントに理解されているかどうか。とりわけ重要なことは、再度言い聞かせることで、念を押すぐらいのコミュニケーションが必要。

② 「べき」「当たり前」からの脱却
　イ）上司が「やるべきである」「やって当たり前」と思っていたらそのようにやらない部下がいると腹が立つもの。そこで、「べき」「当たり前」を予め丁寧に説明して、こちら側の意図、思い、目的等をしっかり伝えおくこと。
　ロ）基本的な方程式は「『べき』＋『当たり前』＝部下がやれる場合、理解している場合だけ」である。つまり、こちらの思いで相手にやれて当たり前といっても、相手がそう思ってなかっ

たら全く効果なしとなる。

よくあるのが報告。「上司は報告するべき」「部下は報告しなくてもいい」と思っている。これだとこの方程式が成立せず、不快感だけが残ってしまうのである。

4 まとめ

このように「役割認識の統合」が上手くいかないケースは、日々上司が部下に作業指示、指導教育等するときに多く見受けられる。

ささやかなことでいえば、「そんなこと言ってないよ」「そんな風に聞きました」といったことから、トラブル解決処理の上司期待と部下の受け止め、1年経った社員に求める上司期待と部下の受け止め、品質に対する上司期待と部下の受け止め、とにかく枚挙にいとまがない程数多く見受けられる。

こうしたミスマッチが起こらないようにするための極め付きのようなものは特別無いが、強いて言えば、「受け止める部下の態度や表情」に注意して、本当にこのことが理解されているのか、されてないのか、そこを十分探索した上でことを進めることである。

■ その5　役割の明確化 ■

どの会社でもよく聞くことは、主任昇進、課長昇進はしたけれど、「主任とは」「課長とは」という役割説明が抜けたまま辞令交付をするので、あとから「僕は何をすればいいのか」を悩んでいる監督者、管理者の話である。会社が組織力を強化し、更に相乗効果を期待するには、まず各役職者への役割明示をすることが極めて重要なことになる。ところが、その部門ごとの役割は大抵はっきりしているものの、その人、その人、とりわけ肩書きの付いている人の役割は案

外「名ばかり管理職」なのだ。組織を力強く推進するには、大きく２つの役割を明確にしておく必要がある。

　１つは、セクション（部門、部署）の役割。そしてあと１つは、ポジション（立場、職制）の役割。ここではとりわけ問題の多いポジションの役割不明について考えてみる。これが不明だとどうなるのか。その４で解説させていただいた「役割認識の統合」、つまり上司の期待に部下がどのように応えたらいいのかが分からなくなり、絶えずミスマッチが起こりかねない状況となる。また、役割不明は役職者の責任意識を低下させるばかりか、達成感を失わせ、目標を見失って先を見通せぬまま進まざるを得ない弱小役職者を招きかねない。

（E社の事例）

　E社で全社員とヒヤリングさせてもらった時のこと。「班長にしてもらったが、何をするのか、何を期待されているのか、何の説明もない」「課長とは何をすべきか、分からないまま今でもプレーヤーのまま。でも社長から課長だろう、といつも言われる」「係長昇進時、何の役割伝達も受けなかった」「管理者になってもそれなりの教育を全く受けてない」といった不満不安の声が多く聞かれた。最も、分からなければ自分なりに上司に聞けばいいのだが、E社では辞令こそ交付しているが、まず各々の昇進時、役職者に役割を明示しないばかりか、その役割を確実に遂行していくための教育がなされていない。「役割明示と教育はセット」であることを知って欲しい。

1 E社の問題点

① 辞令交付だけに留まり、各役職者の役割、責任と権限の範囲

が不明確
② 各役職者に何を期待しているのか、口頭でも文書でもいいが、相手に説明することをしていない
③ 昇進、昇格時、役割明示だけでなく何の教育もされていない
④ その人へ結果だけ求めるのではなく、行動目標、プロセスも大切にする姿勢が乏しい
⑤ ステージ評価（その地位ごとの評価、又その昇進までのプロセス評価）が少ない

2 どのような対応が望ましいのか

① について

辞令なり口頭昇進を伝える場合、これだけは是非実行して欲しい。

イ）「職掌交付」。これは辞令の下半分に「あなたの役割は」と称してそれぞれの部門、地位、立場における役割を具体的に書いたものを交付する。

ロ）最近の賃金体系、「役割責任等級制度」を導入されるところが多いが、その場合、等級つまり役付きごとに求められる役割を明記する。少なくとも昇進時ぐらいは、社長、役員からの期待を「役割」として伝えたいものである。

② について

文書にまでしなくても、やはり昇進した部下への気遣い、それはまず「大いなる称賛と今後への熱い期待」である。もうそれだけで、細かいことを言わなくても、人はその気にさせられる。

③ について

　どこの企業に行っても「人材育成の原点は社長の器次第」。これは何を意味するのか。人を育てるのに教育はつきものということで、特に就任時の教育効果は極めて大。従って、まだされてない企業は、昇進時教育、つまり「新任教育」は絶対実施すること。方法は自由で、社長自らのメッセージを発信するだけでもいい。

④ について

　例えば人事評価。結果や成果だけ求めるより、最近は「行動目標」「プロセス」を大切にする企業が少なくない。いい傾向だ。つまり、どんな役職者であれ、その立場を認識して、仮に結果に繋がらなかったとしても、それなりの行動目標、やり抜いているのか、プロセスにも努力のあとが見られるのか、そこにも着目して欲しい。

⑤ について

　これは昇進までのその人なりの経過、歩みを尊重する関わり方である。よくダメな監督者、管理者をつかまえて、「課長としては全く話にならない」「班長だというのに、どこ見てやってるんだ、その程度なら新人でもするぞ」といった過去否定、現状否定を100％する人がいる。これだと腐るだけでなく、立ち上がる気力が削がれるだけ。やはり今日までのプロセスを尊重した今の「ステージ評価」ができるような働きかけをしてみてはどうか。「ここまではよくやってきてくれた、でもここがまだ不足しているので頑張って欲しい」「課長になったからといって全て君に責任を取れと言うわけではないからもっと自信もってやって欲しい」と。「部分肯定 → 上司の期待」といった形で声をかけることこそやる気になる一歩である。

3 まとめ

　ここでは「役割の明確化」の大切さだけでなく、明確化と同時に、育て方、関わり方についても解説させてもらった。任命したら終わりではなく、実はそこからが本当の意味で「役割の明確化」の大切さが含まれていることを関係者は肝に銘じて欲しい。

■ その6　管理の限界と拡大 ■

　2024年1月2日、日航機と海保機が滑走路で衝突するという全く予想だにしない大事故が発生した。日航機側の乗客乗員は全員奇跡的に救出されたものの、海保機の乗務員は機長を除いて全員死亡。余りに悲惨で痛ましい事故だった。どうしてこのようなことが起こったのか。確実に言えるのは、どちらかがルールに反し滑走路に侵入したことである。管制塔からの指示に基づいて航空機は侵入のタイミングを決めるのだが、それが守られなかったようである。まさに「管理の限界」を越えた事故であった。

　管理の限界とは、職場の中で管理者が適正に管理できる範囲のことを言うが、「管理」には次の2種類がある。1つは仕事の管理。一般的には管理監督者による品質管理、納期管理、工程管理、生産管理、時間管理、顧客管理、売上・利益管理などのような仕事そのものの管理のことをいう。もう1つは部下管理。これは部下に対する管理で、一般的には部下指導、部下育成を始め、適切な作業指示、人間関係管理、要員管理、配置管理、就業管理などのことをいう。

　ところが、こうした管理において、その5で解説させていただいた管理者の役割明示がされていても、確実に遂行されているかどうかは又別である。「課長でありながら僅か2人の部下さえ面倒を見られない」「係長の立場で20人もの部下の管理は無理」「品質、納

期管理は得意だけど、部下の管理はなってない」等々。

しかしどの企業も、管理、監督者への期待要件が満たされないといって、直ちに配置転換、降格できるわけではない。ではどうすれば管理の限界を正確に把握し、更なる管理の拡大を図って組織力を強化すればいいのか、それが今回の課題である。

（F社の事例）

社員130名。大半が20代、30代以下の女性社員で占める製造会社。精神疾患者が多く、定着率も極めて低いことから相談に乗って欲しいとの依頼があり、担当者から詳細な話を聞いて驚いた。

企画、開発のような部署では1人の係長に数人の部下、しかし製造部では1人の課長に60人ほどの部下管理を要求されているのだ。その下に係長、主任はいるものの、部下管理は概ね課長の役割。しかも年齢差が大きく、指導法を巡って、する者とされる者に大きな乖離があり、大半の一般社員からの評判は「課長についていけない」「聞くのも怖い」「一般社員でありながら日々ノルマがきつ過ぎる」「課長から夢が見えない」である。ボトムアップを口では叫ぶも、実態は上意下達方式。課長の言い分は「何でも言えばいいのに」「何故質問しない」「言わないのでこちらから指示した方が早い」である。

この話を聞いて、どこに問題があるのか、もうお分かりのことと思う。これでは部下管理による管理限界は縮小こそ進むものの、拡大は夢のまた夢となる。

1 F社の問題点

① 課長の部下育成スキルでは、管理限界（適正な部下数）を遥かに越えている

② 管理限界を拡大するベストな方策は、計画的な管理者教育と部下教育だが、そのいずれも全くされていない
③ 指導法のミスマッチ。人事担当者や何人かのヒヤリング結果から分かったことだが、課長は良いと思っていることも部下は受け入れない
④ 係長、主任ポストもそれなりに設けてあるが、課長に全権委任が（良くも悪くも）されていて機能していない
⑤ 何故、精神疾患者が多く、定着率が悪いのかが分かっていない。まるで対岸の火事の如く

2 どのような対応が望ましいのか

① について

　管理の限界を知らないで、無闇に部下を管理させてもできないのは自明の理。管理限界を適正に保ち、更に拡大（部下数を増員）するには、次の2つの点検が基本である。

　イ）管理者は適材適所か

　　　これは人事的な問題だが、ある部門で部下数が適数かどうか、管理者の指導スキル、人間性等の観点から点検すること。

　ロ）ポスト数は適正か

　　　F社の場合、課長に全権委任され、監督者（係長、主任）に権限がないことから監督者への権限委譲を点検した上、ポストが適数かどうか、点検することである。この場合、課長職増員より監督職の権限委譲を優先した方がいい。

② について

　管理限界を拡大するベストで基本的な方策は、管理者への教育と

部下への OJT である。
　イ）管理者へ計画的な教育
　　　これは、部下指導を中心とした、最も効果的な部下指導スキルの習得と実践
　ロ）部下へも計画的な教育
　　　部下の立場や強み弱みを考慮、目的に応じた教育の実施

③ について

一言で言えば課長の思い上がり、独りよがりである。これではどこまでいっても解決の糸口が見つからないことから次のことを提案させていただく。
　イ）課長の上司による個別指導。「俺はやってる、何が悪い」と言う課長に問題点を気づかせ、改めさせる個別指導をする。
　ロ）部下、とりわけ監督者の係長、主任に「否定から入るのでなくポジティブに受け入れる」ことの大切さを教える。こちらも課長の上司による個別指導を行う。

④ について

これはもうトップ方針の発信に尽きる。「これからは部課長の権限を大幅に監督者（主任、係長）に委譲、そのための監督者教育を強化する」というような強いメッセージだ。

⑤ について

声無き声に耳を傾けるのが基本。できれば、そうした人の声を「積極的傾聴」して、ハード面（経営理念、就業規則、朝礼標語、賃金・評価制度等）の見直し、ソフト面（上司の指導法、コミュニケーショ

ンスキル、普段の関わり方、作業指示の仕方等）の見直しを行う。

3 まとめ

「管理の限界」とは聞き慣れない言葉だが、企業の組織強化に欠かせないテーマである。DX、AIスキルが求められる昨今、メンバーシップ型雇用（ピラミッド型組織）から少しずつジョブ型雇用（専門領域で単独業務、上長指揮を受けない組織）に移行しつつあるが、まだまだ大半の企業はメンバーシップ型だ。しかし、将来ジョブ型を視野に入れ、開かれた職場環境を理想とする時、「管理の限界」は外せない課題である。つまり、部下数をどこまで拡大できるのか、そして、多くの管理者による管理体制ではなく、少ない管理者による適正な管理体制が可能であれば、強い企業、一体感、One teamの企業になること間違いなし。

一人の管理者に管理しきれないほどの数の社員がいる会社

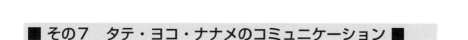

■ その7　タテ・ヨコ・ナナメのコミュニケーション ■

　大垣日本大学高校の阪口慶三監督が2023年9月、通算57年に渡る高校野球監督の歴史に幕を下ろした。東邦高校では「鬼の阪口」の異名をとったが、60才で大垣日大の監督に就任してからは一転「仏の阪口」を通した。とにかく厳しかった阪口監督が何故、「仏の阪口」になったのか。余りに厳しいことで生徒が萎縮し、思い切ったプレーができない、それが答えだった。そしてプレーに「笑い」を演出した。褒めるようなことが無くても褒めた。生徒の特徴を捉え、褒め、認め、受け入れることで、生徒が勇気と自信を持てるコミュニケーションに変えた。時には生徒と一緒に生活、食事を共にし、語り合える時間をより多くした。そうすることで、みるみるうちに力を蓄え、甲子園でも勝てるようになったというのである。

　このエピソードは、知る人ぞ知る有名な話である。無名だった大垣日大を甲子園準優勝まで押し上げた育成法とは、「笑うこと、話し合うこと、褒めること」のようだ。しかし、多くの企業から受ける相談の大半はこのコミュニケーションの「取り方」が問題であり、却って職場環境を悪化させていることも少なくない。

　今回は、企業の組織力、企業力を強化するためには、如何にコミュニケーションが大切かを取り上げる。もっと正確に言えば、どのようなコミュニケーションの「取り方」が大切かを考えて欲しい。

(G社の事例)

　いきなり顧問先の社長と口論になった。「社労士さんは、人の気持ちを無視して一方的に話すって言うけどそんなことはない」「僕はもっと相談しなさい、しなさいと言うけど、来ないから仕方ない」「褒めたことがないって言うけど、それは社労士さんが知らないだ

け」。こんな話がいつも発端で口論になることは度々ある。

　この顧問先は、海外も含めると300人を超える社員を抱える製造会社である。しかし、昨年起きた大きなトラブルにより大打撃を受け、売り上げも大幅に減少。それに加えて品質強化が進まないこと、部下指導、開発のあり方を巡って会長と社長との関係が極めて悪化し、数か月前から会長方針と社長方針が悉く対立している。強引に押し付けようとする会長のやり方についていけず、ついに社長が精神疾患を発症してしまった。現在、適応障害で休職中であるが、会長が退任しなければ社長辞任もやむなしとのこと。精神的にも普段の経営が取れない心境までかなり悪化しており、これ以上社長としての采配をふるうことは不可能というのが辞任理由である。

　どうしてここまで社長を追い込んでしまったのか。会長は「何も悪いことはしていない」「正しいことを言っているだけ」の一点張りだが、結局のところ、コミュニケーションの「取り方」ではないだろうか。つまり、他者否定、自己肯定を省みないからである。

1 G社の問題点

① 部下から会長への報告、相談が殆どない。これは部下が、報告、相談する上で、かなり厳しい要求、否定的な受け止めが一般化されているからで、このままでは気楽に聞けない、報告できない。まさに「鬼の阪口」に酷似している。

② 会長はいつも「俺の言うことは間違ってない」「分からなければ聞けばいい」が口癖。自分目線の会長、地位を誇示した発言を、部下は渋々受け入れるものの、これまで多くの人が心の病に悩まされてきた。そしてG社を去って行った者も数多い。

③ これまで会長と話す時、誰に対しても仕事以外の話をしたこ

とがない。隣の人であり、上司でありながら遠い存在、近づきがたい存在。これまで何回となく、昼を共にしながら語り合うことを会長から勧めるものの、誰一人会長のところへ進んで来る人はいない。

④　下に役員、部長、課長、係長達がいるにも関わらず、誰に対しても殆ど同じ態度。このことは、それぞれの立場、キャリア、ステータスを認めない、尊重しない考え方の典型である。

⑤　「任せる」と口では言うが、一度間違えたり、期限が過ぎたり、言った通りにやってないと「鬼の会長」となり、辺りを恐怖と静寂に包むこともしばしば。既に社長の心が折れていることにも気づかず、数か月前から「俺を無視、避けてる」の言葉を連発。その上、社長の態度ではないと悪あがきする始末。

2 どのような対応が望ましいのか

① について

「相談に来ればいい」と言っても行けないのは何故か。それに気づいていない会長、そして誰も注意できないのが実情である。勇気をもって、社長以下役員、各部長達で、腹を割って話し合う時間を一度ならず何度なく理解されるまで持つことである。

② について

やる気にさせるコミュニケーション、如何に人の心がその一言一言で変わるか、それを誰もが伝えたいものの、言えない場合はどうすればいいのか。やはり外部のコンサルタントに指導を依頼するか、①と同様に、何回でも分かってもらえるよう諦めないことが大切となる。近々、社労士として、まず「本人の気づき」に挑戦することにしている。

③について

　部下と食事をしたり、お酒の席を設けることは好きな会長。しかし、そこでも仕事の話ばかり。これでは誰もが嫌気をさし、次がないことから、食事会では一切仕事の話を厳禁にしてはどうだろうか。幼い方策かもしれないが、案外この方法でコミュニケーションの「取り方」の妙を分かってもらえるかもしれない。

④について

　これでは「仏作って魂入れず」。組織をつくっても機能しない。どれだけ問題を起こしても、その立場を尊重した話し方、接し方を心がけることは、人格尊重の点で最も重要である。「部長としていつも認めているが、このやり方は君らしくない」「何故こんなことしたの。もう一度チャンスを与えるからやってみたら。君ならやれる」といったようにステータスを認めた上での叱責、これならきっとその部下もやる気を失わない。

⑤について

　これまでに何度となく解説してきたが、会長の最も大きな誤解は、社長目線ではなく、「全て会長目線」であることだ。コミュニケーションの「取り方」で最も問題になるのが、この「目線」の位置。それが、会長の場合は全く会長寄りなのである。これでは誰もついていけなくなる。おそらくこの会長の場合、これからも気づかないで、突っ走られることかと思うが、多くの場合、こうした目線の話をすれば大抵分かってもらえる。

3 まとめ

この会長、これまで何一つ振り向くことなくまっしぐらに仕事と向き合い、会社をここまでにした功績は極めて大きい。その仕事ぶり、やる気、どんなことも手を緩めず、抜かず、真面目そのものの姿は誰もが大いに認めるところである。それゆえに、部下は会長の一言一言、一挙手一投足を無下にできず、「取り方」の間違っているコミュニケーションであっても、受け入れざるを得ない弱さがあった。

　今回の事例は少し稀有な感じもするが、案外、似た事案はよく見かける。会長のように、トップの問題だけに自分が気づかなければ裸の王様となり、また犠牲者を生むことになりかねない。

　タテ・ヨコ・ナナメのコミュニケーション、この中でも今回はタテのコミュニケーションの不味さが、ヨコもナナメ（会社全体のこと）も悪くする例を取り上げてみた。しかもその人がトップであれば尚のこと、ヨコ無視、ナナメ無視となり、職場環境はいつまでも暗い闇の中。「光る職場へ」いつ行けることもなく、理想のまた理想となる。タテ・ヨコ・ナナメ いずれのコミュニケーションも大切だが、一番はトップ方針。そこにこの組織強化の狙いが入っていなければ組織力にならないことを知っていただきたい。

誰もがいいコミュニケーションを取っているが、G社の会長だけは裸の王様になっている

■ その8　ストローク環境の醸成 ■

　先日、ある新聞記事に、新入社員が１年未満で退職する一番多い理由は人間関係によるものと掲載されていた。日頃、我々も新入社員の募集・採用相談から、１年未満退職理由を窺うとやはり人間関係に起因することは少なくない。

　人間関係、と一言で言っても、どのような人間関係悪化が退職に繋がるのか、そのところは決して明確な記録があるわけではないが、おおよそ、次のように大別することができる。

① 　指導者、OJT担当者等によるパワハラ的言動がある場合
② 　新入社員なのに挨拶もまともにできないことで、ダメ社員と決めつけられる場合
③ 　教え方が新入社員レベルではなく、それぐらいのことやって当たり前レベルで教えられる場合
④ 　そもそもやる気のない社員に教える必要もないと指導を諦められる場合

　もちろん、これ以外にもたくさんの人間関係に起因する退職理由はあるが、これらのことに共通するのは、やはり「ストローク・ロス」に陥ってしまっていること。ストロークとは、相手に精神的、肉体的に働きかけて、受け入れられ、承認され、喜ばれるような関わり方を言う。上記の場合、当初は指導する側にも、やる気、教える気、何とか一人前にしたい気はあったのだが、結局次第にそれが薄らぎ、ストロークとは真逆のディスカウント（相手を無視、見下す、教えない、諦める等）タッチとなり、退職という結末を迎えてしまう。

　新卒確保の難しい企業にとって定着率は極めて重要。しかし、新

入社員が入社しても定着率で悩まれる企業は少なくない。企業の定着率を考える時、ストローク環境が醸成されているところは、定着率も良く「やり甲斐」「働き甲斐」さえ感じて働いている人が極めて多い。

組織力を最大限に伸ばす大きな要因にストローク環境の大切さがあることは疑う余地がない。本項で、定着率向上だけでなく、あなたの企業の組織強化の原点にストローク環境の醸成が、極めて大切であることを認識していただければ幸いである。

(H社の事例)
50人程の社員を抱えるH社から、ある課だけ単独ルールを設け、他の課、他の部門との連携、コミュニケーション無視、A課長と部下10人程の隔離された運営、業務のあり方を認めていいのかと相談を受けた。A課長にヒヤリングしたところ「これまで社長に会社を良くするためにいろいろ提案してきたが、何一つ取り上げてもらえないので、このような行動に出たのだ」と言う。もちろん、会社のためとはいえ、そんなことが許されるのか。答えは、否である。そしてその部下や他の部門幹部の意見を聞くと、以下のような問題が挙がった。

① A課長単独でのルール作り
② 部下からの意見も無視
③ 最もいいルールだと頑なに主張
④ 周りとの協調関係がない
⑤ 社長許可なくルールを作成
⑥ そのルールでその課を動かす

1 H社の問題点

　こうした企業においては、どちらかといえば稀有な事例だが、ここで押さえておきたいのは、会社無視、社長無視、仲間との話し合い無視、その理由も相手が受け入れてくれないから、レベルが低いから、こちらがやっているのにその努力を認めてくれないから、という自己中的言動、つまりストロークの無さが破壊的、破滅的な行動に繋がっていることを知っていただきたい。

① ある経済学者、実業家の影響を受け、A課長は仕事ができることもあって、自分はその課の「社長」になりきることが大事だと信じてきたこと
② 課長の立場を利用し、又人の話を聞かない人柄からか、部下もその振る舞いを指導することができなかったこと
③ 基本的スタンスは「自分OK」「他人not OK」、従って悪びれない、謝らないのがA課長。誉めることもしないが、誉められると思い上がること
④ 課ごとの連携、チームワーク意識が乏しいことから、周りは当たらず触らず、対岸の火事になっていたこと
⑤ 社長からのメッセージ（勝手な振る舞いによる孤立化を許さない）が伝えられたのが、それを知ったタイミングではなかったこと

2 どのような対応が望ましいのか

①について
　自分の課を大切に思い、少しでも会社や部下に喜ばれるような対策を講ずることはいいが、自分が「社長である」ことと「社長意識」を持ってすることの違いを、きちんと指導すること。

② について

　決めたルールを一方的に社内掲示し、守らせ、従うことを重視。そのことによる気遣い、思いやり、声かけ、大変さへの労い等も無かったので個別指導を社長に進言。

③ について

　誉められて嫌がる人はいない。だからこそ人の考え、行動、成果等を見て誉めることの大切さをＡ課長に伝えると同時に、全社員に「ストローク標語」を募集。いくつか選択・掲示して、毎年２回ほど「ストローク月間」を設けることを提案。

④ について

　自分さえ、自分の課さえ良くなればいいと、組織がタテに割れている企業の話をよく聞く。そうしたディスカウント環境を無くすため、以下のことを提案。

　イ）課会議の創設
　ロ）全体朝礼で「ストロークＫＹ」の実施
　ハ）経営方針にストローク、コミュニケーションの大切さを盛り込む

⑤ について

　ある意味、これが最も重要な対策案。組織力を強化する上で、経営方針、社長方針、組織方針、ストローク環境方針等は、まず「社長発」だからである。単に朝礼等でタイミングを見つけて話すだけでなく、ストロークは環境作りが大切なことから盛り込んでいく。

　イ）就業規則前文に明示

ロ）タイムカード前、見やすいところに「そのストローク、今日も元気に明るい職場」等と掲示又は掲額

ハ）ディスカウント（パワハラ含む）環境にならないため、明確に評価項目に盛り込む

3 まとめ

　本項では、ストローク環境の醸成をテーマにある企業の事例を元にストロークの大切さ、ディスカウントにならない環境作りについて解説させていただいた。つまるところストロークとは「自分そのもの」なのである。誰一人、自分を大切にしない人はいない。そして、自分を大切にする行為を人に向けてみるのだ。すると周りとの一体感が生まれ、組織の中でも一人でないことを知って、人を大切にする言動が自然と生まれてくるのではないだろうか。

　最後に、ストローク事例とディスカウント事例を取り上げてみたので、それらを参考にして、明日からあなたの職場もストロークに満ち溢れた職場、これぞ「光る職場へ」の必要十分条件であることを知って欲しい。

（ストローク例）

> おはよう　一緒に頑張ろう　大丈夫ですか　よくやったね
> 手伝おうか　気をつけて　ありがとう　お疲れ様
> 褒める　励ます　相槌を打つ　労う　信頼する　任せる

（ディスカウント例）

> バカだなぁ　まだわからないのか　できるものならやってみろ
> どうせいっても無駄だ　役立たず　ドジ　マヌケ
> 嫌味　けなす　目をそらす　無視　嘲笑　軽視　無関心

■ その9　仕事の与え方の工夫 ■

　組織力強化で忘れてはならないことは、上司からの仕事の与え方に「人材育成」のエキスが詰まっていることである。従ってその与え方が、毎日指示命令をするだけの上司のもとに働く社員だと、「言われたことはやるが、言われないことはやらない」社員を養成し、逆に、できる限り指示命令や規制用語を用いず、とことん仕事を部下に任せ、部下の持ち味、性格、力量などを考慮した与え方をすれば、やはり大きな器になることが大いに期待できる。そして、どんどん力を蓄え、企業の大黒柱になっていく人も少なくない。

　指示命令をするだけの社員の場合は、いつまで経ってもその人の伸び代が形になって現れず、企業としても小さな戦力として使えるだけの社員になってしまう。「入社して1年にもなるのに、いつまで経っても言われたことしかやらず、自らやろうとしない」「何回言っても自分の考え方を変えようとしない部下に対して、どう言えば分かってもらえるのか」こうした声もよく聞く身近な例である。本項ではたくさんある身近な例を紐解きながら、仕事の与え方を工夫することで、その職場が如何様にも「光る職場へ」様変わりするヒントやノウハウを説明させていただくことにする。

　また、ここで少し考えなければならないのは、派遣労働者、技能実習生、外国人労働者の場合だ。多くは契約期間を定め、雇用している人が多いことから、仕事の与え方は殆ど工夫されることもなく、「言われたことをしっかりやってもらえばいい」の了見のもとで働かされる人が大半である。人はどんな雇用形態であれ、働く人にも様々な夢、希望、意思があるわけだから、少しでもその人にあった、与え方の工夫をすべきではないかと現場で痛切に感ずることが多い。つまり、思考や主体性を奪った仕事の与え方でいいのか、ということである。

(I社の事例)

次期課長職を目指す係長教育の依頼を受けた。早速、研修を始める前にその上司と役員から係長一人一人に対する棚卸しをお願いしたところ「自分のことだけをしており、部下指導ができていない」「何度注意しても自分勝手なやり方で仕事をするのでミスが絶えない」といった意見があった。そのような中で、派遣労働者にアンケートを取ったところ、ある係長とは一緒に仕事したくないとの声もあるとのこと。これを受けて1年間に渡る研修が始まったが、実施してみる中で少しずつ全貌が明るみになってきた。つまり、上司の指導内容がある固定されたパターンにはまっていることに気づいたのだ。

1 I社の問題点

① 与え方がいつも一方的。上司からの指導内容・指導方法を聞くと、「相手によって指導方法を変えたことがない」と言う。

② 指導内容が技術に限定されている。どの会社でもよく見受けられることは、部下の指導内容が技術的要素を含んだもののみになっていることである。「自分で考えて行動しなさい」と言う割には、指導内容がテクニカルスキルアップ（技術向上）を意図したものに限定されている。

③ 教えられる側の人の中には、頑固な人、年上の人、威張っている人、キャリアの長い人もいるにも関わらず、誰に対しても指示と命令だけ。

④ 上司が、部下に何を教えれば良いのかを分かっていない。部下の特徴を知って、どのようなことを教えれば効果的か、その認識すらない。

⑤ 間違えたら怒る、言った通りにしないと怒る。誉めることも全くなく、ミスしても部下からその理由を聞かない。

2 どのような対応が望ましいのか
① について

ここでは8通りの与え方を学んで、その人、その状況に合わせて使っていただけるとありがたい。

> イ）指示・命令型
>   この方法は日々のルーティン業務を部下にしてもらうときや、入社間もない社員に有効
> ロ）説得・納得型
>   部下と考え方が違っているが、係長としては自分の考え方でやってもらいたいとき、違う方針を強引にやらせると却って反発する可能性があるため、しっかり説得して納得させることが必要なとき
> ハ）依頼型
>   自分より年上の人、キャリアのある人、プライドの強い人が、部下にいるとき
> ニ）暗示・示唆型
>   その仕事がある程度わかってきて、部下なりに力を付けてきたとき、指示命令ではなく、それとなく暗示、示唆し、本人をその気にさせるとき
> ホ）選択型
>   ある程度仕事ができる人で、できる限り部下のやり方でやりたいとき、但しこちらはどちらでもいい場合に限り、部下に選択させるとき
> ヘ）募集型
>   手挙げ方式とも言うが、これは残業、新しい仕事、社内イベント等のリーダー、担当役をお願いするとき
> ト）相談型
>   滅多に無いことだが、部下に特殊なスキル（ＩＴ関連）がある場合、部下に相談しながら実際にその部下にさせるとき
> チ）委任型
>   これまで組織原則でも話したが、ある程度仕事をできるようになったらできる限り任せることで本人のモチベーションを高めたいとき

②について

　その部下に何を教えるのか、何を教えなければならないのか、それによってかなり指導法も指導内容も異なる。

> イ）テクニカルスキル
> 　　部下に技術的指導が必要なとき、この指導内容、指導法で教えればいいが、大半はこのことだけを教える上司が多い
> ロ）コンセプチュアルスキル
> 　　仕事は判断し、決断することが度々求められ、問題解決能力、先見性、論理性、企画力等も求められる。しかし、そのことを指導していない部下にその点の成長は見込めないので、その力を伸ばす指導法である
> ハ）ヒューマンスキル
> 　　職場は絶えず人間関係能力が求められる。説得力、交渉力、折衝力を始め、巧みなコミュニケーション能力を使って、職場環境を良くするとき

③について

　上記①を参考に当てはめをしてもらえるとありがたい。この部下の場合、ハ、ニ、チの指導法の効果がありそうだ。

④について

　仕事そのものの能力、その仕事に求められるあらゆる能力。

> イ）仕事そのものの能力、その仕事に求められるあらゆる能力
> 　　（知識、技術、判断力　等）
> ロ）その仕事をするのに求められる仕事に取り組む姿勢
> 　　（責任性、協調性、積極性　等）

　従って、その部下に何が不足しているのか、それをしっかり把握した上で、イ又はロの要件を満たすべく指導が待っている。

⑤について

　この上司はかなり職場でパワハラをしているようで、被害者、会社側、加えて派遣会社からも苦情メールが来ており、その対応を考慮中。おそらくどのような仕事の与え方をしても、関係部下から怖がられ、寄り付かれないので、まずは相手を認めながら簡易にできる依頼型を習得してもらうことにしている。

3 まとめ

　ここではI社の係長研修をしながら、これまでI社が管理、監督者研修をしてこなかったこともあって、指導法、仕事の与え方に工夫が殆どない。
　そこで実例を使いながら仕事の与え方を説明させていただいた。仕事の与え方等は人材育成に関係ないと思われている人も多いが、こうした事例のように、仕事の与え方を安易に取り扱うことで、たくさんのエキスを垂れ流している企業も少なくない。改めて、あなたの仕事の与え方、例えば①で触れたように8通りの与え方を工夫することで、もっともっと組織強化に繋がる場面が、あちらにも、こちらにも散見できるようになる。そうなればしめたものだ。上司が部下に仕事を与える時、あなたの少しの工夫で、部下の成長は著しく可視化されるのではないだろうか。このコーナーで、今の与え方を再考するきっかけにしてもらえるとありがたい。

プライド高く頑固な人に、暗示法によってやる気を出す

■ その10　適材適所の配置と適正要員 ■

　今、中小企業を取り巻く求人環境は極めて深刻な状況にある。AI、DX化等の急速な普及によってIT人材の不足が大手中心に社会的問題となり、ITに知悉した大量の人材確保政策が政府方針として発表されようとしている。そして、巨大設備の拡充、作業環境のIT化、賃金の上昇等によって、優秀な人材がこれまで以上に大手に流れていく社会現象は止まるところを知らない勢いである。このような事情を背景に、中小企業の人材不足はますます深刻化しているのだ。そうなると求人対策も大切になってくるのだが、やはりまずは今、あなたの職場で働いている社員一人一人の棚卸しである。そして、棚卸しの際には社員が適材適所に配置されているか、そこを重視せざるを得ない。大企業のように異動を行うことが難しい中

小企業では、その人に相応しい任務、役割を与えることは容易ではない。それでも仕事量に比して人材不足の場合、適正要員にするため求人は欠かせない人事対策である。

「適正要員」は中小企業にとって大きな課題となることも少なくはない。しかし、これほど人材確保が困難な中、直に求人をかけるのではなく、やはり徹底した適正要員対策を考えることの方が先決である。多くの中小企業では、この適正要員に対する考えが甘く、しっかりしたデータに基づいて応募している企業は極めて少ないのが現状だ。つまり「どんぶり求人」なのである。30年以上前の1週40時間制導入時、多くの中小企業は「生産量が落ちる」「利益を確保できない」等を理由に、結局のところ人材確保を一番と考え、求人に注力していた。しかし、案ずるは産むが易し。それほど労働時間を削減しても、生産量は落ちなかったのだ。再度、適正要員の適否、仕事量だけでなく、生産性向上、モチベーションアップ、方針共有、人材育成等を試みることで、まずは泡のないスリムでムダのない適正要員化を進めてほしい。

(J社の事例)

100人余りの社員を抱える製造業。地域の伝統的地場産業の老舗として、かつては多くの新卒者を確保することもできていたが、このところ大企業志向、大都市への進出者の急増によりJ社への応募者が激減。それに加えて若手社員の退職者もまだ微減ながら将来に不安を漂わせる状況が続いている。そこで、若手社員を中心にヒヤリングを実施したところ、多くのことが分かってきた。三直交代制に潜む若者離れ、現場より営業希望、営業より開発希望。また部門部署によってかなり適正要員にばらつきがあり、部下指導ができな

い人が部下指導をしており、できる人には部下がいない。更には部門部署による仕事の辛さ評価がされていない等の意見が多く聞かれた。

1 J社の問題点

① 入社から1年間の研修期間はあるものの、それは配属先が決定した後であるため、適材適所による配属でないこともある。
② 若手を中心にしたヒヤリング制度、自己申告制度、フィードバック面接制度等が整備されていないこともあって、配転希望を伝える場がない。
③ 仕事量は部門によってほぼ固定化しており、部門の公平化、均衡化が進めにくい。
④ 本来スペシャリストの人がマネージャーをしていて、適材適所主義に立った人事が行われていない。
⑤ どうしても夜勤ができない人、それを受け入れる体制、ルールが決められていないので、申し出によって一部受け入れを実施することもあるが、行き過ぎると不公平な人事に繋がりかねず、躊躇せざるを得ない傾向にある。

2 どのような対応が望ましいのか

① について
イ）新卒者は概ね配属先を決め採用しているが、研修期間及び終了後に、本人に配属希望を再度聞けるルールを採用
ロ）3年に一度程度、自己申告制度を設ける

②について
　イ）フィードバック面接等を通して、本人の適正確認、他への異動が相応しい場合は、次年度の異動に配転希望を上司から行えるようにする
　ロ）3～5年に一度程度、若手中心としてヒヤリング制度の導入

③について
　イ）プロジェクトチームを編成し、個人別の仕事量、職務内容の洗い出しを行い、部門均衡化の計画立案、役員決定とする
　ロ）どうしても難しい場合は、待遇（賞与、手当等）で公平化を図る

④について
　イ）再度、ヒヤリングを行い、それぞれに求められる要件に相応しない場合、次年度の異動案件として取り扱う
　ロ）「複線型人事制度」の導入。これによって、より適材適所主義による配置を促進

⑤について
　イ）身体的、家庭的事情で夜勤不可能な社員、こうした人への配慮は、その都度、会社として受け入れる体制を設け公開しておく
　ロ）これまで三交代制ルールとしてきたが、一部夜勤のみの者、一部昼勤のみの者の採用も考慮してはどうだろうか。かなりの人から、夜勤のみ、昼勤のみの声を聞いた

3 まとめ

　事例に学ぶ組織力の大切さもこれで最後だが、10則はどれを取っても組織強化になくてはならないものだ。しかし、適材適所による配置と適正要員は、組織の原点となる基本的約束事項でもある。一言で言えば、パワーの源、企業を維持発展していくための動力源なのだ。よくこんなことを聞く。「わが社は、15人の社員しかいないので、誰に何をしてもらうかは、自ずと決まっていて動かしようがない」と。果たしてそうだろうか。適材適所とは、場所や部門を変えることだけでなく、一人一人をよく分析し、「どのような仕事の与え方が最も生産性を生んでくれるのか」、その一点に光を当てて考えれば、更にその人だけでなく、職場さえも「光る職場へ」の第一歩となるのだ。

最も相応しい仕事を与えられ生き生きしている姿

（人材育成の正否）

第4条　人材育成の成否は企業経営の成否とイコールである

1　恵まれない育成環境

　社労士として、企業の社員教育、人材育成に関わって40年。振り返れば一瞬であったが、その日その日の道のりは、細く長く先の見えない、いばらの道でもあった。その中で、大企業と中小企業との違いをどれほど目にしてきたことか。人材育成に携わった者としてまず言いたいのは、人材育成における職場環境の違いである。資金力の違い、集まる人材の違い、プログラムの違い、育成にかける時間の違い、直ぐ結果を求めない違い、経営方針に組み込まれる重みの違い、社員の受講意識の違い。それに何と言ってもこれまでやってきて、ここの違いが全てではないかと思うくらいの違い、それは「経営者の人材育成にかける資金の必要性の重み」ではないだろうか。一言で言えば、お金をかけない「人材育成」の掛け声だけの恵まれない育成環境にある。

　しかし、そのように可視化され、経営資本（人、物、金、情報）があるかないかだけで、その成否は決められるものだろうか。確かに様々な点で大企業に劣るのは当然としても、中小企業の方が優れているものもないだろうか。40年の経験から言えば、大いに優れるものもいくつかある。例えば、「経営者の情熱の違い」と言ったが、中には大企業を遥かに凌ぎ、育成に溢れんばかりの情熱で育成に力を入れる経営者もいる。中小企業ほど、経営者の社員に与える影響が大きいだけに、これを演ずる企業は、速効性も大きく、定着率や

働きやすい職場になっている事実もある。

　また、教育のユニークさも目についた。小さい企業ほど、経営者の社員に対する影響力が大きいこともあってか、朝礼や福利厚生のあり方を一工夫する、イベントや研修に力を入れる、賃金制度にやる気を出させる仕組みを取り入れる等、多様な仕組みを取り入れている。それから何と言っても社長自らが、人材育成に至るところで関わり、触れ合い、話し合いを大切にする企業も少なくない。

　そこで第4条では「人材育成」に目を向け、少しでもあなたの企業が「光る職場へ」向かうための要点を解説させていただく。

② 社労士が選んだ人材育成ベスト5

(1) 指導される側の問題状況

　拙著『中小企業を伸ばす社員育成の極意』では、主に管理者を対象にして「指導する側」のノウハウを中心に綴らせてもらったが、この本では、「指導される側」つまり、部下側の様々な問題事例を掲げながら、どのような指導法が効果的な指導法なのかを詳説する。

　① 入社時からここへ来るべきでなかった
　② 入社半年も経つのに基本的なことさえ未だ覚えられない
　③ 自分から何かしようとする主体性がまるで見えない
　④ 返事は良いが、させてみると全く出来てない
　⑤ 何かにつけて口答え、屁理屈、言い訳、愚痴が多い
　⑥ おとなしい、話さない、コミュニケーションが苦手
　⑦ 仕事中の私語を何回注意しても直らない
　⑧ ミスがとにかく多い、再三に渡る指導も殆ど効果なし
　⑨ メモ、記録、反省、調べる、聞く、これができない

⑩　チーム、協調、仲間意識、触れ合いの大切さに対して無理解

　このような部下が、あなたの職場にいないだろうか。まだまだこれ以外にも何らかの課題、問題を抱えている部下はどこにでもいる。かなり正確に言えば、問題の無い部下はいないと言ってもいい。最も、そういう人がいるからこそ、その人の成長があり、部門、企業の成長、発展があるのだ。

　そもそも人材育成とは何か。大きく2通りの回答がある。その一つは、欠点や短所を補い、克服すること。もう一つは、特徴、長所を伸ばし、強みを更に強くし、誰にも負けないようにすること。独創的なこと、唯一無二の存在になることである。そして、こちらもその人の成長を促し、部門、企業の発展を大きく促進するための動力源であり、礎となる。

　「強みを更に伸ばす」これは往々にして、指導する側に頼らなくても自らの深い理解、強みへの自信、することに抵抗がないこと等から、いわゆる"ほうっておいても成長は無理なく期待できる"と解される。しかし、こうした強みを伸ばしたい本人、伸ばしてやりたい管理者は、第3条の「仕事の与え方の工夫」によるキーワード、「どのような仕事を与えるのか」を再認識して欲しい。

(2) パターン別指導育成法
－ 第1のパターン －

- ・入社3年未満
- ・知識、理解力不足
- ・挨拶すら満足にできない
- ・基本的態度が身に付いてない
- ・言われないとやらない
- ・メモ、記録を取らない
- ・ホウレンソウができない
- ・向上心がない、やる気に乏しい
- ・夢や目標を持たない

比較的経験が乏しく、入社間もない人等に見られる社員への育成法を考えたい。

● 効果的指導法その1　ティーチングとコーチング

　ティーチングという育成法の代表的なものに、TWI（監督者訓練）がある。この中には、JI（仕事の教え方）、JM（改善の仕方）、JR（人の扱い方）といった指導法があるが、ここでは仕事の教え方について解説する。この方法は、4ステップから成り立っていて、どのステップもしっかり身に付ければ、知識、理解力が不足な人、基本的態度が身に付いてない人、挨拶すらまともにできない人、ホウレンソウのできない人等、まだ入社間もない人であっても、知識、技術的なことが未熟なだけでなく、組織人としての基本的態度、エチケット、マナー、ルールがしっかり身に付いていく。確実に習得してもらうための育成法として是非使って欲しい。

① 　どんなことも仕事を教える前にその仕事の目的、意味等を教えると同時に、操作方法や礼儀作法を教える上での注意点、特に肝心なところ、間違えやすいところを分かりやすく伝え、また、単に伝えればいいだけでなく、ミスしないことの大切さ、ミスすることに対する他への影響等も教えることである。

② 　次に手本を見せること。呈示である。これも教える側が黙ってやってみせるだけでなく、注意点やポイント、間違えやすい箇所に十分気を使い、時間を取り、分かりやすく、相手のレベルに合わせてやってみせることである。

③ 　そして今度は本人にやらせてみること。ここが一番肝心。簡単なことならいいが、初心者にとって難しいことだと一度でやれるとは限らない。そこで教える側は、よくその本人の手の動

かし方、声の大きさや出し方、態度や感じの良さ・悪さ、様々な作法等を凝視することである。要はどこに問題があるのか、そこを見つけることである。

④ そして振り返り、よくできていれば、気持ちよく誉めてやることである。自信への第一歩なだけに、人は誉めてもらえば大いにその仕事に誇りを持つようにさえなる。そして間違っていれば、どこが間違っていたか、そこを丁寧に、場合によっては一度でなく、何度も何度もやってみて、やらせてみることである。まさに「鉄は熱いうちに打て」である。

丁寧に正しい方法を、上司が分かりやすく教えている

次にコーチング。これはティーチングとセットでマスターしていただけると、その状況、つまりクライアントのレベル、性格、キャリア、好奇心、仕事に取り組む姿勢等を考慮することで、ティーチングでするべきか、コーチングでするべきか、適正判断することとなり、かなり効果的な育成法の出来上がりである。

　コーチングはティーチングとまるで逆なものであり、一方通行のティーチングと違って、いつも双方通行、もっと分かりやすく言えば、コーチャー（教える側）は、クライアント（教えられる側）の目標、方針、意思等を引き出し、相手の考え方、場合によっては全人格を尊重することとなるので、いつも主人公はクライアントなのである。ポイントは、こちらからの指示、命令、規制、否定等は止めて、できる限り「相手に言わせ、考えさせること」である。クライアントは水先案内人に徹することだ。ではどんな場合にコーチングをするのが良いのか、先程の問題社員を例に説明する。

「言われないとやらない、主体性のない社員の場合」
　① 設営場所
　　できる限り静かな所
　② 座りかた
　　対面でなく横か斜め座り
・コーチングによる育成法
　　上司「入社1年になるけど、いつも言われないとやらないのはどうして？」
　　部下「何を聞いたら、何をしたらいいのか、分からないので」
　　上司「分からないとき、仕事が終わった時、どんなことを聞いたらいいのかな？」

部下「終わりました、次何しましょうか、ですか？」
上司「そうだよね、次何しましょうか、ってことが主体性の第一歩なんだよ。それと何を聞いたらいいのか分からないということだけど、その時はどうすればいい？」
部下「分からないときは、どんなことでも聞くことが大切ってことですか」
上司「そうだよ、分からない時、仕事が終わった時、大切になるのは、気づいたら行動を起こすことです」

ティーチングは一方通行

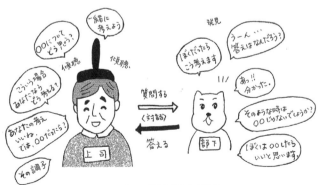

コーチングは双方通行

― 第2のパターン ―

- 責任感がない
- 自分のことと考えない
- 成長が鈍いか、殆どなし
- 責任転嫁、他人事
- 目標意識、達成感なし
- 常に上司、リーダーの責任
- 昇格、昇進意欲がない
- できれば楽したい

いつも「自分じゃない」「僕やってない」、仕事をそんなふうに人のせい、他人事のように考え、挙げ句の果て「それってやっぱり上司がしっかりしてないからでしょう」と言う人への育成法を考えたい。

● 効果的指導法その2　正三角形の原則による育て方

どの家庭でも子供に親は何らかの家事を手伝わせることがよくある。そして、小学校、中学校へ進むと学校では決まって、何らかの当番、担当、委員が割り当てられる。これは小さなことでも、一人一人が担当を持つことで、公平さ、他人事でないこと、責任感、ある種の達成感、それに自分なりのやり方でやっていいことのメッセージが込められていて、誰しもそうした体験を通して、心の成長を感じてきたのではないだろうか。

職場はどうだろうか。入社間もない人にも、育成を意図して担当を与えている企業はあるだろうか。3年経ち、5年経ち、役席もない人に企業はそれに応じた担当を持たせ、責任を持たせ、その人なりの考えで仕事を任せることはしないだろうか。多くの企業で何らかの責任を持たせてやらせるところはあるが、成長と共に、勤続に相応しい担当、役割となると、そうではないところが少なくない。

「正三角形の原則による育て方」とは、正三角形の一辺を、それ

それ責任、権限、職務に割り当て、勤続、職位に関わらず責任、権限を持たせて育てる方法である。

① 入社1か月に満たない人でも、それなりの小さな担当を持たせること
　　→ 3S、朝礼の司会、お茶出し、お客様の送迎、電話当番等
② 入社して2、3年経った人で、その人の得意分野があれば、それに応じた担当、責任を持たせること
　　→ 後輩のメンター、先輩、上司の2Sチェック、DX、IoT担当、カイゼン担当等
③ 4〜7年経った人で、まだ役席のない人に、これまでの経験を生かして担当、責任を持たせること
　　→ 各種会議の議長、その班の各メンバー1か月の予定管理、管理、監督者の補佐、トラブルABCのBランク担当等
④ 監督者（主任、係長）には、それなりの役割明示を行い、上司が一定期間ごとに面談して育成を図ること
⑤ 管理者（課長、部長）には、それなりの役割明示を行い、社長、役員等による面談実施、役員からの期待要件を伝えながら成長を図ること

こうした「正三角形の原則による育て方」は、入社間もない人からトップに近い人まで、その人への役割付与によって育てる方法だが、この育成方法の成否は、何といっても

　イ）評価と連動していること
　ロ）より上の人による管理体制の整備→役割明示が効果的
　ハ）役割付与による育成が会社方針として担保されていることである。

― 第3のパターン ―

- ・操作方法だけしか教えない
- ・技術、技法的なことに終始
- ・システム、マニュアル、手順さえマスターすればいい
- ・見えない（心）指導一切なし
- ・ティーチング指導のみ
- ・指示、命令、ルール優先
- ・トラブルによるお客様への影響、重要性を教えない
- ・癖、性格、行動態様に踏込まない

　多くの企業で「部下に何を教えるのか」と聞いたとき、次のような回答を多く聞く。仕事のやり方、技術的ポイント、ミスした場合の措置、マニュアルやシステム、ルールの徹底指導等に終始しているというのである。そして「どうして言われた通りにしないの」「確認してないのでは」「やり方が自分勝手では」である。これでいいのか、これだけで真の成長に繋がるのか、そんなことを疑問に思う機会があまりに多い。そこで、ここでは見える指導法（know how）だけでなく、見えない指導法（know why）に目を向けた育成法を考えたい。

● **効果的指導法その3　見える指導と見えない指導**

　耳慣れない「見える指導」と「見えない指導」。ある例を元に分かりやすく説明したい。

　突然、Aさんの上司が飛んできて、「そんなやり方をしているから間違えたんじゃないの」「このやり方が自分にはいいと思ってるし、早くできるのでやったんです」「何度言ったら分かるの、それだと早くてもミスが多くなるので、僕の言ったようにやりなさい」という会話が成された。

　この会話、どこに問題があるか、分かるだろうか。そう、上司の

やり方でやらなかったからミスが生じた、だから上司の言うようにやればいいと言う上司、そして自分のやり方が早いし、良いと思っている部下とのミスマッチである。

さて、皆さんならこのAさんにどんな指導をするだろうか。

① 基本的には、再度ティーチングで指導。どこがミスの原因なのか、よく見ていて分かれば丁寧に説明する。
② ここではやり方だけを指導しているが、何故そのようなやり方でするのか、よく聞いた上で「そのやり方だとミスが起きやすい」ことを理解させる。
③ ここで大切なのは、表に出ているやり方、つまり見える指導ではなく、心の中の問題、「自分のやり方が正しく、やりたいと思っている」ことをキャッチし、そこにメスを入れることである。つまり見えない心への指導が効果的となるのである。

最後に、ここで見える指導法にはどのようなものがあるのか、そして見えない指導法にはどのようなことがあるのか、よく知った上でその状況に応じた指導を期待したい。

イ）見える指導法
　　知識、技術、技法、操作方法、やり方、マニュアル、システム、ルール、会社方針、指示命令、規制、企業で決められている様々な約束事等

ロ）見えない指導法
　　思い、考え方、性格、価値観、必要性、重要性、思想、宗教、大切にしていること、働く意味や目的、原因、理由、背景等

もう一度、先程の例で説明すると、Aさんにどれだけ上司が、僕

のやり方でやりなさい、と命令しても、本人の気持ちがそれを受け入れようとしない時は、その見えない相手の心の中に踏み込んで、「自分のやり方への拘り」への説諭が的を得た指導となることを理解してほしい。

― 第4のパターン ―

- ・A君はできるのに、何故B君は
- ・クラス一番の成績はC君
- ・10人中、君はビリ
- ・A校国家試験合格率No.1
- ・兄なのにどうして弟に
- ・プロ、アマ対抗戦
- ・ハンディなしの100m走

　人事評価で、その人を見て評価するか、あるいは会社の求める基準に達したかどうかで判定する評価もあれば、社員全員にランキング付けをして100位まで序列する評価もある。前者を絶対評価、後者を相対評価と言う。どちらの評価がいいかは、簡単には決められない。

　しかし、人を育てるとなると、ある程度道理に即した方法で育成するのが効果的である。例えば、全社員の中で優秀な人材を選抜、更なる指導強化をする必要がある場合は、相対評価による相対教育も必要だろう。逆に、その人の特徴、良さ、性格、人柄、適性等、もっと言えば、どんなことに関心や興味、好奇心があるのか考え、適材適所配置、更には目標設定なども本人のレベルに合わせたり、したいことを尊重して指導するとなれば、絶対評価による絶対教育の大切さが浮き彫りにされる。どちらの方法で評価、指導するかは、その状況に合わせ柔軟に対応することが肝要である。

● 効果的指導法その4　No.1か、Only1か

　これまで優に600回を越える管理者教育の中で、よく聞くことがある。「あなたは部下指導をする時、主にその人のレベル、考え方、人柄、適性をちゃんと考えて指導しますか、それとも誰彼となく、一様に同じことを課題としたり、指導したりしますか」と。ざっくりした割合だが、絶対教育が7割程度、相対教育が3割程度である。どちらが正しいわけではない。どちらでしようとその方法で効果があれば、それが全てである。

　しかし、これまでの経験で、おおよそ次のような使い方、指導法を知っていれば、より効果的な指導法となることは間違いない。

①　No.1（相対教育）を目指す指導法が効果的な場面
　イ）同期入社の社員
　ロ）社内試験、国家試験等、会社が奨励している試験合格を目指す社員
　ハ）初めて仕事に挑戦する社員
　ニ）会社及び部門方針を達成しなければならない社員
　ホ）会社が催すイベント、研修を受ける社員
　ヘ）全員共通に与えられた課題に挑戦する社員

②　Only 1（絶対教育）を目指す指導法が効果的な場面
　イ）目標設定する社員
　ロ）日々の仕事を上司に指示される社員
　ハ）スピードはあるけれど、ミスが多い社員
　ニ）困難でレベルの高い仕事が苦手な社員
　ホ）ある時、違う仕事をさせたら強い興味を持ち、モチベーションがこれまで以上だった社員
　ヘ）今、やらせている仕事が向かない社員

ト）コミュニケーション下手、ホウレンソウができない社員
チ）面談でポジション替えを希望する社員

　こうして、No.1を目指して指導するのか、Only 1を目指して指導するかは、指導者による適正判断を待つより仕方ないが、一つ確実に言えることは、教えられる側の人間性、個性、強い関心、性格等の人間性尊重型の指導をするとなれば、絶対評価による絶対教育の大切さを知っていただきたい。

― 第5のパターン ―

・言われたことしかしない	・責任感なし、達成感なし
・自分からやろうとしない	・質問しない、メモしない
・素直だけど問題意識がない	・反省しない、前向きでない
・何回言っても同じミスをする	・働く喜びを感じない

　新卒で入社して半年、真面目で几帳面、素直で誠実だが、自らやろうとしない、言われたことしかしない、という苦情をよく聞く。まだ半年しか経たない社員に、自らとか、主体性とか、責任感を持て、と言うのも酷なことかもしれないが、案外、こうした人は実はいくら経験を踏んでもそれほど変わらないことも少なくない。三つ子の魂百まで、ではないにしてもやはり鉄は熱いうちに打て、である。入社間もないからこそ「自立、主体性の大切さ」を教えたい。又こうした人が、主体性ある社員に変貌してくれれば、会社にとっても、本人にとっても大きな財産となり、更には働き甲斐、生き甲斐を感ずるパスポートを得られる近道になること間違いないのではないだろうか。

● 効果的指導法その5　言われないと ➡ 言われなくても

　この例で考えてみよう。確かに言われないとやらない、言われたことしかやらないのは本当の話だが、少しこの例、掘り下げて考えてみるとこんなことが分かった。その上司、先輩も、指示や命令はするけれど、相手に考えさせるような働きかけがあったのか、「あれはダメ、これもダメ」「そうじゃないだろう、僕が言っているのはこうしなさいってことだよ」「そんな間違いをするのは、問題意識を持ってやらないからでは」というような指導が大半。果たしてこれで、自ら主体性のある社員になるだろうか。否である。

　それではどのような関わり方、指導の仕方をすれば、こうしたいわゆる「指示待ち人間」を「指示待ちしない人間」に変貌させることができるのか。これまでの経験から最も効果的な指導法を3つ紹介する。

① 暗示、婉曲的話法

　これは前述の組織原則「仕事の与え方による工夫」に書いたように、相手にヒントなり正解例を全部伝えないで「ここまでは僕を参考にし、後のことは君が考えてくれないか」「その方法もいいが、もう少し工夫するともっといい」と言うように、上司指示だけで動くのではなく、本人意思を尊重しながら指導するやり方である。

② 「ど」つき質問

　少しでも本人に考えさせる指導で主体性をつけるやり方である。指示待ち人間の多くは、指導側の説明過多、言うようにやればいい、言った通りにやらないと叱る、間違った場合も否定するだけ。これでは本人に主体性が生まれる隙がない。そこで、こんなふうに言ってみてはどうだろうか。

　「どうしてそんなことしたの？」

「どうすればもっと良くなると思う？」
「どこに問題があるか考えてくれる？」
とにかく一方通行から、リターンのある通行に変えてほしい。

③　「させる」活用

　入社半年だと上司が部下の１日の計画や段取りを立てて、仕事途中にチェック、問題があれば注意、そしてやり直しも指示する。これからこんなふうに伝えてはどうだろうか。

　　イ）ミスしてもその理由や原因、背景を「考えさせる」
　　ロ）１日の計画、段取りを「立てさせる」
　　ハ）どちらを優先すべきか「判断させる」
　　ニ）ある程度できるようになった仕事は「任せる」

　要は、使役の活用で主体性を身に付けさせる指導法である。

－ 極め付き「番外編」－

　多くの指導法、育成法の中で、これまでの経験を生かし、これは！これこそ！これならば！という指導法を５つ紹介させていただいたが、実はこれより更に大切な指導法を、最後に極め付きを「番外編」として紹介する。

　何故「番外編」なのか。それは指導や育成のように、それほど堅苦しく考えなくても、今すぐ、あなたの、あなたの、あなたの気持ちさえあればでき、その効果も抜群だから極め付き「番外編」なのである。それは何か。「上手な褒め方、上手な叱り方」である。

　ある学者の話として、上手な褒め方、上手な叱り方をしっかりやれば、その育成効果は８割ある、ということを聞いた。エッ！そんなことで指導が、育成ができるの？と思ったが、これまで管理者教育を仕事にしてきた小生にとって、それはやはり真実のような気が

してならない。もっと正確に言うと、この話を立証してくれる人がいる。部下である。後輩である。しかもその数、どれくらい多いことか、計ったわけではないが、とにかく多い。よく聞く。しかもそれが、上手な褒め方、上手な叱り方をしてくれないため、やる気がなくなった人、精神疾患に陥った人、退職まで考えた人、退職した人等、とにかく枚挙にいとまがないほどである。

やる気を研究した学者はたくさんいる。皆さんもよく知っているマズロー（5段階欲求説）とハーズバーグ（動機付け、衛生要因説）によると、人は褒められることで、あるいは上手な叱り方を受けることで、承認の欲求が満たされ、また直接動機付け要因によって、モチベーションアップになるというのである。学者ならずとも現場で、経営者、管理者、監督者の話を聞いていると、まさにこの方法、当意即妙なのである。ここまで大切な指導法、育成法なのに、会社は、経営者は、上司は、大きな会社課題として、会社方針に組み入れないことが多すぎる。やはり今すぐ、あなたの気持ちさえあれば、できるからなのだろうか。気持ちはあってもやれるとは限らない。知ってみて、やってみて、効果が出なければ結局は宝の持ち腐れである。

それでは「上手な褒め方、上手な叱り方」とはどういうことか、言うは易く行うは難しであるが、知ったら今日からでも「直ぐ」実践して欲しい。

① **上手な褒め方**

上司に聞いてみると一番多いのが「照れ臭い」。次に「コミュニケーション下手」「思い上がるのが怖い」と続く。それでも、あなたの一言で、部下が、後輩が、その気になるならやるべきである。

イ）気取らないで思い付くまま言葉に出す
　　　　「上手い」「よくやった」「いい、いい」
　　ロ）できる限り具体点で褒める
　　　　「曲げの角度がいい」「色、大きさといい、出来映え最高」「周りを巻き込んでやってくれたのが良かった」
　　ハ）タイミングを逸しない。照れずにやったとき直ぐ褒める

② 上手な叱り方

　「叱る」と「怒る」を間違える人がいる。「叱る」は、その人のことを心から指導育成することを目的として熱くなること、「怒る」はその人のためというより、自己中心的で自分の感情をコントロールできなくなり熱くなることである。

　　イ）どんなミス、トラブルでも理由を聞く、言い分を聞く
　　ロ）叱る前に、整理して叱る。以前と違ったことを言ったり、道理に合わないこと等があれば、却って反発を招く
　　ハ）タイミングを逸しない。あとになって言えば嫌味になる
　　ニ）人前で叱らない。時には人前の方が効果がある時もあるので、人を見て考えて叱る
　　ホ）人格否定する叱り方は絶対しない（生まれつき、身体的、性格的なこと、学校や家族のこと、他人との冷たい比較、過去の経歴等）

　こうして今日からあなたの強い意思で、上手な褒め方、上手な叱り方を実践すれば、多くの部下、後輩は間違いなく「光る職場へ」導かれ、今の職務に自信と誇りを持つことになる。

〈靄のない職場〉

第5条 風通しの良さ、靄のかからない職場の条件である

1 職場の靄(もや)とは

　靄、霧、霞は、大気中の水蒸気が微小の水滴となって視界が悪い自然現象のことを言う。中でも靄は、視程が1キロ以上のことを言うのだそうだ。霧や霞ほど視界が悪いわけでないが、見にくいことに変わりない。自然界でのことはともかく、皆さんの職場で今、靄はかかっていないだろうか？

　ここで言う靄とは何か。それは紛れもなく自然界でのことではなく職場の人的環境のことである。従って自然界だけでなく、例えば、酷暑、厳冬での作業、空調のない部屋での作業、風通しの全くない職場での作業、狭く息苦しくなるような場所での作業、連日10キロ以上の重量物を移動する作業等、厳しい職場での作業環境は、無論この状況によってもモチベーションに影響を与えないことはない。しかし、ここではこうした物的な作業環境ではなく、職場の上司と部下との関係による人的な職場環境による靄のことである。

　次の公式を考えてみよう。

　　　$B = f(P、E)$

　クルド・レビンの法則である。B (Behavior) = 行為、P (Personality) = 部下の労働意欲、E (Environment) = 人的な環境である。つまり経営者、管理・監督者が普段部下にどのように接するか、関わるか、指導するか、指示を出すかによって、その部下のモチベーションに

大きな影響を与える公式である。

　職場の人的環境を明るく靄のない環境にするには、上司の部下への関わり方が極めて大切だという公式なのである。

　それではどうすれば、どう関われば、部下のやる気、向上心、責任感に火をつけることができるだろうか。社労士が見たよくある「3つの靄」について考えてみる。

2　社労士が見た「3つの靄」

（1）ものの言えない職場

　上意下達に対して、案外知られてないのが下意上達（かいじょうたつ）、つまりボトムアップである。これまで経営の大切さは、上意下達と下意上達が適度にブレンド、まるで還流するようにぐるぐる回る職場であることと述べたが、そのような企業はそれほど多くはない。皮肉なことに、言いたいことを言える職場より、むしろ言いたいことを言えない職場の方が、問題が顕在化されない現象が起き、表向き穏やかそうな職場を見ることも少なくない。

　しかし、こうした職場で結果的によく起きるのが、優秀な社員のモチベーションダウン、無責任な振る舞いであり、これらの現象がエスカレートすると更には誰もが口をつぐむ知恵を身に付け、怖い靄が職場を飲み込んでいく。そして究極は退職者の続出である。やはり一方通行の方針だけで、多くの社員の意思が反映されない職場には、未来への失望、任されない不信感が渦巻き、肝心なことになると上の人の意見を無理強いされる風通しの悪さで退職への選択を余儀なくされるのである。靄を振り払うにはどうすればいいのか。

① 職場のカウンセラー化

　経営者始め、多くの管理者による「カウンセラー化」である。上司の最も大切なことは、部下の話にまず耳を傾ける謙虚さ、そして部下の話を聞いて上司が話をする、つまり誰もが「職場のカウンセラー」へなる挑戦である。

② 経営者による率先垂範

　誰がやるでもない、ものの言えない職場になっているとすれば、まずは経営者自ら率先垂範し、「役員会」「幹部会」等で、その会議参加者の意見を聞いてから自分の考えを言う習慣化である。

③ 相談数＝ものの言える職場

　ある弁護士から相談を受けた。聞くと、「部下にいつでも相談してくれ、相談してくれと言っているが1人も来ない」とのこと。しかし、一番の原因は相談しにくいから、意見が言いにくいからである。課長以上への昇進時に、部下からの相談数を増やすため「誓いの言葉」を必須科目に取り上げ実施させることである。即効性が極めて強いことから是非導入を！

（2）危ういコンプライアンス

　多くの企業で職場のＤＸ化が目の回るような早さで進んでいる。そのせいか、これまでなかったような現象があちこちで起きている。その一つが、コンプライアンスに対する意識の向上だ。もちろんいいことだが、中には社員との摩擦になるコンプライアンスもある。つまり危ういコンプライアンスである。

　法律や就業規則を巡って、その解釈が揺れ動き、経営側にとって

も、労働側にとっても、それが靄のように思われる。労働側からはもっと風通しのいい解釈を求められ、しかし、経営側にとっては、余りあからさまにすれば、そのことを巡って労使対立となるため、むしろ靄のままにしている企業も多々ある。その中でも、とりわけ靄となる5例を紹介しよう。

① 労働契約時の靄

　労基法第15条では、「使用者は、労働契約の締結に際し、労働者に対して賃金、労働時間その他の労働条件を明示しなければならない」と定められている。ところが、この締結に際し、全ての企業で詳細に一つ一つの意味を分かりやすく説明されるところばかりではない。とりわけ賃金、労働時間についての説明を巡って、入社後トラブルになることもある。賃金については、時間外労働、休日労働における労働時間のカウントの仕方、単価の算出法、代休と休日の振替、更にはその振替期間の取得可否等である。まずは労働契約書の交付を誠実に履行することから始めてもらいたい。

② みなし労働時間の靄

　労基法38条の2では「労働者が労働時間の全部又は一部について事業場外で業務に従事した場合において、労働時間を算定し難いときは、所定労働時間労働したものとみなす」と定められている。この中から後段の「労働時間を算定し難い」の解釈として、おおよそ次の3点に着目し、どれが欠けても「算定し難い」とは言えないことに注意して欲しい。

　　イ）行き先が不明であること
　　ロ）管理者が同行せず単独での活動であること

ハ）通信手段によって絶えず行き先等がコントロールされてないこと

③ 配置転換、出向等の靄

　就業規則に配置転換、出向規定が明示されているが、その運用が曖昧でトラブルになるケースがある。営業として、開発として、総務として入社したのに、現場へ回された。現場で入ったのに突然営業部門への配転。どれも大抵は、「会社は配置転換が必要な場合、命令することができる。正当な理由なければ拒むことができない」と事前に定められている。ところが、入社時の特約があった、異動なんて聞いてなかった、自分にはやれない、挙げ句の果て、異動されるなら辞めたいとトラブルになる。

　こうならないために以下のことを大切にして欲しい。

　イ）配転は就業規則等に明示してあれば、経営者の人事権行使でできなくないが、できるだけ説明 → 同意を得た方が労使にとって靄にならず気持ちよく配転できる。

　ロ）配転理由は様々であるが、辞めさせる目的や配転理由が不合理な場合は要注意。企業の活性化、各ポジションでのスキルアップ、適材適所の一環として行うことは何ら問題ないが、そのことによる一時的な評価ダウン、要求過多は極力避ける。

　ハ）入社時の特約（配転しない）にはリスクがあることをよく理解し極力避けること。

　ニ）出向で注意することは、在籍か、転籍かである。在籍出向は、ほぼ配転同様の解釈だが、転籍出向は本人同意が必要である。

④　休職及び休職期間による靄

　厚労省の統計（資料３）によると、10年程前からハラスメント、イジメ、嫌がらせ等による精神疾患者が激増している。その背景、理由等については既述させていただいたが、やはり次の３つが大半である。

・法定労働時間を遥かに超える長時間労働
・ノルマ、目標、成績等によるプレッシャー
・ハラスメント

ハラスメントに関しては、案外その規定が不明確なことからトラブルになることが多い。休職の取り扱いと休職期間満了による自然退職を巡っての靄である。特に精神疾患になった場合の期間満了とはいつを指すのか、ここに靄がかかり不明瞭のまま職場復帰すると周りの目と本人のやる気がミスマッチして、取り返しのつかないことになることも少なくない。

　転ばぬ先の杖として注意して欲しいことは、

イ）休職始期の明示
ロ）休職期間中の出勤、欠勤繰り返しの明確化→通算意味
ハ）休職期間満了と治癒の齟齬が起きないよう本人了解のもと、人事担当者等による主治医との面談
ニ）職場復帰した場合、社員説明、受け入れ態勢の整備、無理のない復帰プランの作成

資料３　民事上の個別労働関係紛争｜主な相談内容別の件数推移

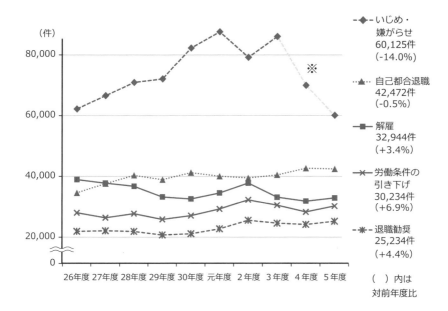

※　令和４年４月の改正労働施策総合推進法の全面施行に伴い、（これまで「いじめ・嫌がらせ」に含まれていた）同法上のパワーハラスメントに関する相談は全て（同法に基づく対応となり）別途集計することとなったため、令和３年度以前と令和４年度以降では集計対象に差異がある。

（出典：厚生労働省　令和５年度個別労働紛争解決制度の施行状況）

⑤　管理者手当のみなし罠

　労基法41条２号により、「事業の種類にかかわらず、監督若しくは管理の地位にある者」は適用除外される。つまり労働時間、休日、休憩については、管理義務がなく深夜勤務以外は対象にしない。

　顧問先の社員から「課長だからって、残業代を払わないのはおかしいのでは」との相談を受けた。もちろん、課長という名ばかりで適用除外するのはおかしい。そこで、いろいろ調べると経営が厳し

くなったので、課長に昇進させて残業代を払わず、少しでも経費節減を目的とした昇進であった。名ばかり管理職事件は数多くあるが、中でも最も有名なのは、「日本マクドナルド事件」である。

　ここでのポイントを整理すると
　　　イ）経営者と一体的な立場で労働条件の枠を越えており、事業活動できる職務と権限を付与されているとは言い難い
　　　ロ）賃金等の待遇においても優遇措置がとられているとは言い難い
　　　ハ）アルバイト採用、育成の権限、勤務シフト決定等の権限を有するものの、その権限は店舗内に限定されていたこと
等である。

　とりわけ、イ）の責任と権限が付与されていないことから名ばかり管理職とされた（平成20年東京地判）。

　上記の例で言えば、経費節減のための管理職登用は論外としても、往々にして責任と権限の付与なく管理職に昇進させることもあるが、適用除外をするのはかなり行き過ぎた措置と言わざるを得ない。

（3）薄れていく絆の尊さ
①　遠のく人と人

　「世界ふれあい街歩き」という番組をよく見る。いろいろな街を巡って、そこでの街の光景、人の営み、一風変わった職業紹介、食べ歩きNo.1インフォメーション等、とても見る者の心を和ませてくれる。そしてその街の紹介に必ず出てくるのが、人と人との絆のシーンだ。レストランのテラスや歩道で、近くの仲間たちが食事を通して賑やかに、たくさんの笑みを交わしながら絆の尊さを写し出してくれる。こんな風景、日本にもあるのかなぁと思うことがある。

ここ何年かの間に、街の、日本の、世界の暮らしは、大きく変わったように感ずる。何が変わったのか、一言では言えないが、やはり一番は絆の尊さ、あなたの尊厳、人間性の尊重意識が薄れてきたことである。誰もがネット社会に染まって20年以上経つが、これも大きな原因の一つであるようだ。

　頼むこと、聞くこと、話すこと、相談すること、和気あいあいとすること、励まし合うこと、そしてその延長線上にあるのが対面コミュニケーションである。しかしそれもリモートということになると、もう会う必要も感じなくなる。そして顔を見て、触れ合って、生のあなたを、あなたを見る必要性が薄くなればなるほど、人は触れ合うことに不慣れとなり、本来持っている家族のような触れ合いが遠い存在になって、絆を薄くしてしまうのではないだろうか。

　このようなことをあなたの職場で感ずるはことないだろうか。オープンで、気さくで、ヤミコミュニケーション（陰口、悪口）のない、誰とでも話せる雰囲気のある職場に、絆を否定するものはあるだろうか。もちろん、それだけで絆が深まるわけではない。しかし、今こそ、このことに目を向けないと、便利さや効率性、物の品質だけの追及に特化した社内風土となり、「人の、人間性の品質低下」に繋がってしまうと危惧してしまう。

　ここではあなたの会社も、あなたの会社も、何故絆の尊さが薄れていくのか、遠のいていくのか、そのことに光をあて、どうすればこうした靄のかかった職場環境を「光る職場へ」導くことができるか考えてみたい。

② スプリングの大切さ

　社員20人程の製造業。リーマンショック、コロナ禍と次々に襲っ

た受注の落ち込みで経営悪化。利益もほぼ食いつくし、融資さえままならない状態まできたが、企業理念に「共育」を掲げているこの企業は、こうした経営危機に何度か陥りながらもここまで凌いできて、今少しずつながら将来に一条の光を見出せるまでになってきた。「共育」それは経営者も社員も区別なく、もっと言えば上下なく、学び合う精神、理念である。もうこの理念、40年以上も掲げていて、社員の心の隅々にまで浸透し「絆」を強くしているようである。

　経営が落ち込んでも又元に戻る。何故か。それは社員との「絆」を大切にしてきた見返り、心の恵みがあるからである。人を大切にする仕組みや制度、問題が起こった場合の適切な対応、それに何より向かい合っての月1回のヒヤリングシステム等、様々な問題を抱えながらも、その都度、解決できたのは全社員が一つになれる「絆」があるからだ。だからこそ一度落ちかけても、それを皆の力で、まるでスプリングのように、元に戻るエネルギーで撥ね除けてきた。

　イ）職場に摩擦が生じたら、いつでも上司が部下と向き合うコミュニケーションがある。

　ロ）各自に目標を持たせ、それを上司も一緒になって達成しようとするフォローがある。

　ハ）毎年、経営及び部門方針発表会があって、そこで必ず方針理解を深めるため社員同士のワークショップがある。

　ニ）我々社労士との月1回の経営労務懇談会をもう何十年も開催。そこで1か月の振り返り、「社員ファースト」の社長メッセージを聞きながら何が経営に欠けているかを議論している。

　ホ）利益の半分を償還、喜びを分かち合う風土がある。

　まだまだこの企業が、スプリングのように落ち込んでも又元の経

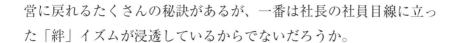

営に戻れるたくさんの秘訣があるが、一番は社長の社員目線に立った「絆」イズムが浸透しているからでないだろうか。

③ 新工場長の風

「先々月も先月も生産目標を達成してない、何としてでも今月こそ生産目標を達成してくれ」と、どこにでもよくある朝礼での工場長挨拶。ところが、この工場長、いつも生産のことから頭が離れず、誰に対しても生産上げろ、生産上げろのプレッシャーをかけている。生産目標を達成するため、一人一人の状況や仕事負荷は無視。毎月かなりの時間外労働をしても感謝や労いもなし。とにかくトップダウンによる生産第一主義の工場長なのだ。部下の体調の悪さ、モチベーションの低さ、心の疲弊を叫ぶ声にまず耳を傾けることはなかった。とにかく仕事が、生産が、今日の計画が、うまくいっているかどうかが全て。そのせいか、定着率は悪く、職場の雰囲気も悪化の一途。見るに見かねた社長から相談を受け、工場長交代を提案した。すると、風が180度変わった。

イ）工場長による工場巡回でいつも温かい声かけ

ロ）ミス、トラブルをした個人名、月ごとに公開していたものを部門の不具合件数公開に変更

ハ）これまで独裁的な工場長権限で途絶えていた社長、工場長との話し合いの場を毎月定期的に開催

ニ）部下との信頼関係を深めるため「公平さと約束事履行」の徹底を図る

ホ）できることならどんなことも厭わず率先垂範することにより、工場長への親しみやすさ倍増

ヘ）定着率激変、ここまで退職者殆どなし

目立つような特別なことをしたわけではないが、この工場長就任から2年余り、工場の風は一変した。仕事優先、生産第一、檄やハッパだけだった工場も今では靄も取れ、話せる職場、意見の言える職場、そして「絆」を大切にする職場に変わりつつある。

　今、この工場長と月1回、工場長コーチングをしているが、どんなことも貪欲に受け入れようとする向上心、自分の足りなさを謙虚に振り返り、社員のために働こうとする姿勢等、これまで部下の心に響かなかった前工場長方針とは大違いだ。この工場長への期待が深まりつつある。

④　この指とまれ

　靄のかからないもう一つの例を紹介したい。創業60年、歴史のある製造業のA社。弊社との関係も古く40年を越える。40年間、A社の経営、労務に関するあらゆることに関わってきたため、会長、社長を始め、役員、管理者、監督者、一般社員の中に知らない人はいない。

　社労士の仕事は、社会保険、労働保険の手続き、就業規則、助成金申請業務の他、経営理念、経営方針作成から組織の点検見直し、職務分掌表作成、階層別教育、小集団活動指導、コーチング、カウンセリング、人間関係管理、賃金制度、評価制度の導入、その他明るい職場、活性化された職場、やる気の出る職場環境をいかに醸成することができるのか、をテーマにしたコンサルティングを業とする者もかなり多い。このA社、この例に漏れず、30年以上に渡るコンサルティングを展開しており、これほどのトップもいないため紹介したい。その一人、現在85才の女性会長、コンサルティングする立場でありながらどれくらいこの会長から教えられたことか。

イ）全社員で目標設定、それができれば身分差関係なく全社員公平に達成手当を支給
ロ）毎日、一人一人を気遣い、親のような気持ちで接する優しい風土
ハ）高齢者が働きやすい仕組みとそれを受け入れる全社員
ニ）利益が出れば惜しみない賞与支給
ホ）後継者（子息）を他社で3年勉強させ入社。かなり優秀な後継者でありながら10年程何の肩書きも付けず、徹底した「身内逆差別」
ヘ）どんなことも皆で決め、分かち合いを大切にした環境により、定着率が極めて高い

こうした会長方針を受け、子息が現社長に数年前より就任。更に経営に厚みを加え、社員一体感が促進しつつある。やはり一人一人の「絆」を大切にする労務施策と理解を示す社員との間に気持ちの乖離を感ずることがない。

ア）「この指とまれ」

厳しい管理者をフォローするため「この指とまれ」方式による面談制度を導入。今、年2回の管理者によるフィードバック面接をしているが、ここでの部下に対する面談が厳しいため、社長が希望者だけに「フォロー面談」をしているのがこの制度のあり方だ。謂わば、駆け込み寺のようではあるが、社長自らがやるところにミソがある。決して、管理者面談に水を差すのではなく、駆け込みした社員を煽るわけでもなく、沈む社員には日差しを、小躍りする社員には更に上向くことを示唆。これがここまで奇妙なほどに労使関係を良好にする制度として定着させているのである。

イ）器に応じた人事

　もう一つの上積みは、器に応じた人事である。昨年10月、会社は大きな人事異動を発表。製造部門に属する出荷部門を営業部門に吸収。これまで製造部門に属していた社員が、仕事の流れを考慮すると営業部門がいいと、顧客へのサービス強化、業務の合理化、効率化を巡ってこれまで何回となく厳しく対立した。ある意味、健全な対立であるが、やはりお互いを受け入れるだけの器がないことから、ついに組織改革を断行した。これが功を奏し、今ではスムーズな流れに。

　「組織は人なり」と言うが、まさに一人一人の器を熟知、そして器に応じた人事採用、社長への信頼が一層強くなったような気がする。

ウ）誰にも似合うところが！

　入社間もない社員。理解力が極めて乏しく、ミスも多いことから何度となく注意を受けるも誠意を見せず、反省するわけでもないことから再三に渡る配置転換をした。それでも成果が上がらないことから上司に見限られ、社長に解雇を要請。それでも一つぐらいはやれる、その一つだけでもまともにできれば、そこから積み上げ一歩、一歩でいいと言う社長の鶴の一声で、今も優しい雇用を継続している。

　会長から受けた社員を大切にする思いや行動が、社員の責任意識やモチベーションアップにも点火。「絆」を大切にする細やかな働きかけが、この会社の未来を「光る職場へ」誘っているようにも思える。

（社労士と SDGs）

第6条 社労士と SDGs、
限られた目標にも大きな使命がある

 社労士と SDGs

　2015年9月、国連において「国連持続可能な開発サミット」が開催され、2030アジェンダが採択された。その内容は、17の目標と169のターゲットから成り立っている。そこで、全国社会保険労務士会連合会としては、「人を大切にする企業から人を大切にする社会」の実現をテーマに、労務管理の専門家として、明るい未来、明るい社会づくりを目指している。

　社労士といっても、こうした連合会方針をどのように受け止め、一社労士として何に取り組むかは人それぞれである。弊社としても、既にいくつかの目標、ターゲットを定め、弊社は元より、ここまで多くの顧問先に積極的なSDGsの推進を図ってきた。

　そこで本項では、連合会方針を受けて取り組んでいる、又これから取り組みたい目標、ターゲットを定めて進めている現状を紹介、参考にしていただけるとありがたい。これまでの取り組みは、各顧問先と連携、目標を共有、実践、そして成果を挙げることに腐心してきた。取り組む目標、ターゲットは、各企業に相応しい内容を提案、受け入れられたものである。そして、成果を挙げてこそSDGsに取り組む価値があるわけだから、社労士のSDGsは、各企業への波及効果と成果そのものなのである。

　弊社が目標、ターゲットとするSDGsは、次から紹介する4目標、

及び8ターゲットである。

> 目標4「質の高い教育をみんなに」
> 4-3）全ての人々が男女の区別なく、手の届く質の高い技術及び職業教育への平等なアクセスが得られるようにする。

> 目標5「ジェンダー平等を実現しよう」
> 5-1）2030年までに、あらゆる場所における全ての女性に対するあらゆる形態の差別を撤廃すること。
> 5a）女性の能力強化促進のため、ICTをはじめとする実現技術の活用を強化する。

目標4、5に対する顧問先への指導内容、指導成果は下記の通り。

（1）男女の区別、差別実態の現状とコンサルティング

① 労働条件の無差別化

既に多くの企業で、女性であることから、賃金、職制、昇進・昇格、仕事内容、その他の労働条件等でかなり区別、差別されている実態を把握し、次のように指導をしている。

　イ）男女の分け隔てない賃金表の一本化

　　→大半の企業で導入済み

　ロ）これまで建設業、運送業等、男性に片寄った業種限定を広げ、女性にも現場監督、ドライバーを始め、多くの職種に採用基準を拡大

　　→実質的採用者、まだ目標の半数以下

　ハ）「能力本位」「適材適所」を重視した労務管理を積極的に推進している

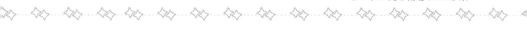

　　→ 評価面でかなり成果が生まれている
　ニ）女性の管理職、監督職割合を高めるため、「自己申告制」「女性会議」「管理職割合の目標設定」等の徹底
　　→ 管理者を受け入れる環境が整っていないことから昇進に対する本人意識の薄い企業が少なくない

② 雇用及び雇用形態の多様化

　産休、育休後の受け入れ形態は、多くの企業で正規社員、非正規社員（パートタイマー）へと２区分化されていることが多いが、非正規社員の雇用形態の多様化を図ることで、多くの女性の働き甲斐を促進、受け入れを可能にすることができる。
　イ）労働時間のタイプ制
　　・午前中、午後からタイプ
　　・４時間、５時間勤務タイプ
　　・スライド出勤タイプ
　　・朝だけ、お昼だけ、夕方だけタイプ
　　・その他、本人希望を尊重した労働時間での勤務シフト
　　　→ こうした柔軟な労働時間に対応できる企業は、まだ職種により限定的であり、とりわけ製造職における促進は鈍い
　ロ）労働日数のタイプ制
　　・週２、３、４日タイプ
　　・月前半タイプ、後半タイプ
　　・月の第４週のみ勤務タイプ
　　・土日以外、土日のみタイプ
　　　→ 多くの企業で人に合わせた労働日数の自由化を図ったが、やはりこれも販売職では受け入れやすいが、製造職では、

ラインの多様化が現場で進んでいないことから思うよう
　　　に進まない
　ハ）子供に合わせたタイプ制
　　・夏休み以外勤務タイプ
　　・冬休み以外勤務タイプ
　　・送迎以外勤務タイプ
　　　→ 限られた職種だけの働き方の多様化だが、まだまだ一部
　　　　の企業に止まっている
このように雇用形態を本人に合わせて、少しでも多くの雇用の場を提供することもできる。

（2）何故、このような区別差別が

　男女における区別差別は職場の様々な部分に及んでいる。何故、そのような区別が、差別が生まれるのか、そしてどうすれば少しでもジェンダー差別の削減、ひいては解消になるのか、考えてみたい。
① 思い込み、偏見、決めつけ
　この問題を考える時、顧問先で一番聞くのは、「女性だから」「女のくせに」「ライフステージの違い」「家庭主義」「遅くまで無理を言えない」等々の声である。こうした偏見、思い込みを無くすには
　イ）経営方針に「誰にも公平、公正な機会付与」を盛り込むこと
　　　→ それほど難しいことでないことから、多くの企業で女性
　　　　区別差別をしないメッセージを発信しているが、これか
　　　　らの課題は「掛け声倒れ」にならないよう社労士による
　　　　労務監査を強化することである。
　ロ）管理者、監督者を中心とした「女性活用の基本」「昇進した
　　　くなる職場環境」「異性による差別をなくそう」等のテーマで

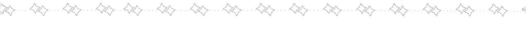

の研修実施
  → これこそ社労士の出番。手前味噌ではあるが、既に多くの企業で研修を実施しており、それなりの成果を経営者から聞いている。手っ取り早く即効性があることを求めるなら、他力本願施策ではあるがお勧め品である。

ハ)「女性活躍検討委員会」の設置。毎月1回程度、わが社の女性活躍が遅れている現状を振り返りながら1か月目標を立て、少しずつ活躍できる職場環境づくりの実践
  → 構成メンバーで正否を分けることには要注意。男性管理者だけでなく女性管理者（不在の場合はキャリアある女性）を入れること。

② 働かせ方、働き方の工夫

今では男性育休取得率30％（資料４）を超える時代に突入。政府見込みでは、今年までに何とか50％を目標としており、性別による働かせ方が、すごいスピードで変化している。女性だからという言葉でさえ、使い方を間違えるとハラスメントになりかねない。ここではどのような働かせ方、働き方をすればもっとジェンダー差別解消へと向かうのか、実例を踏まえながら紹介したい。

イ) 性差別による仕事の平等化を進めるときのもう一つの課題が、本人の意思。つまり男性と同じように働きたくない、高い地位につきたくない症候群があることである。まずは働かせ方（経営方針、職場環境）の工夫として、「この仕事は男性、この仕事は女性的イメージの解消」をすることである。
  → 弊社も導入、顧問先へも多くの企業でこの考えを推奨しているが、もう一つ障害になるのが、同性からの昇進に

　　　　対して尊敬のまなざしや喜び、誇りを感じられるような「快諾環境」が乏しい。
ロ）働かせ方のもう一つは、ライフステージによる時間的制約をどのように和らげるかである。男性育休然り、女性育休後の短時間労働希望者の働きやすさのための風土づくりである。育児介護休業法が次々改正され、育休環境はかなり進んだ。しかし育休後、短時間になることが、働かせ方、働き方を縮めている現状も看過できない。
・育休後の職種変更をできる限り限定的にする
・役職を外さない
・労働条件も極力変えない
・妊娠中、育休後も一定期間「思いやり環境」をつくる
　→ 少しずつではあるが、こうした取り組みによって変わりつつある企業も増加傾向にある。中小零細企業のジェンダー差別の解消もスタートしたばかりだが、SDGsの普及によって少しでも「女だから」という意識に変化が根付くことを期待したい。

第2章 ▶ 光る職場の20か条

資料4 育児休業取得率の推移

（男性）

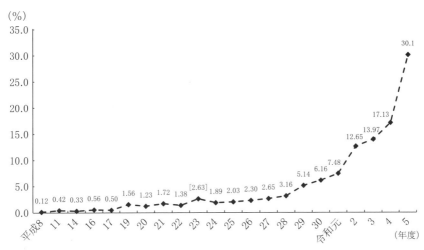

（出典：厚生労働省　令和5年度雇用均等基本調査）

資料5 取得期間別育児休業後復職者割合

（男性）

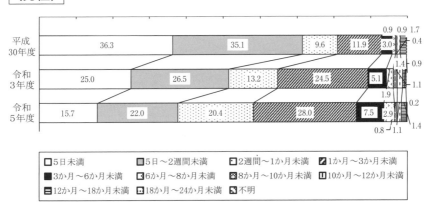

（出典：厚生労働省　令和5年度雇用均等基本調査）

| 資料6 | 就業者及び管理職に占める女性の割合 |

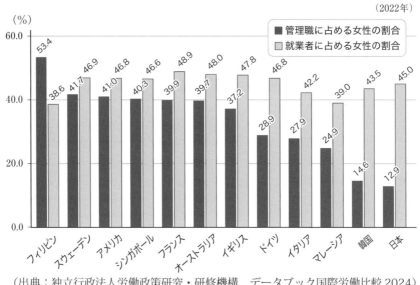

(出典:独立行政法人労働政策研究・研修機構 データブック国際労働比較2024)

| 資料7 | 役職別女性管理職等割合の推移(企業規模10人以上) |

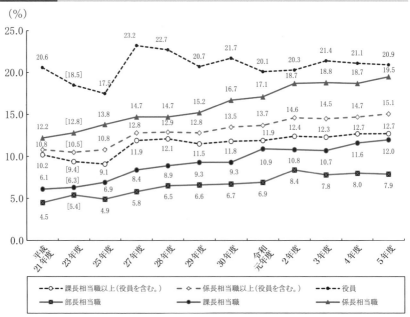

(出典:厚生労働省 令和5年度雇用均等基本調査)

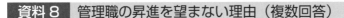

資料8　管理職の昇進を望まない理由（複数回答）

	300人以上				100人以上			
	男性		女性		男性		女性	
	課長	部長	課長	部長	課長	部長	課長	部長
自分には能力がない	33.2%	19.4%	33.3%	26.2%	30.1%	19.0%	31.0%	20.0%
責任が重くなる	27.2%	20.7%	31.2%	21.4%	26.9%	20.3%	32.4%	20.0%
メリットがないまたは低い	27.0%	14.5%	22.0%	14.3%	24.9%	13.3%	18.3%	20.0%
定年が近い	25.2%	39.5%	15.6%	19.1%	24.7%	40.0%	17.6%	16.7%
仕事と家庭の両立が困難になる	16.2%	8.0%	29.1%	7.1%	14.3%	8.7%	22.5%	23.3%
やるべき仕事が増える	14.6%	8.6%	15.6%	11.9%	16.9%	10.3%	14.8%	13.3%
自分の雇用管理区分では昇進の可能性がない	11.7%	12.7%	9.2%	4.8%	14.3%	10.0%	9.2%	20.0%
もともと長く勤める気がない	2.9%	1.5%	3.7%	2.4%	2.0%	1.7%	1.4%	-
やっかみが出て足を引っ張られる	2.7%	0.9%	5.5%	9.5%	3.8%	1.7%	3.5%	6.7%
周りにより上位の同性の管理職がいない	1.5%	4.9%	19.3%	28.6%	3.8%	8.0%	21.8%	16.7%
家族がいい顔をしない	1.2%	0.8%	2.1%	-	1.6%	1.0%	3.5%	-
その他	7.3%	10.2%	10.1%	21.4%	7.0%	8.3%	10.6%	16.7%
特に理由はない	7.7%	8.3%	5.8%	4.8%	6.0%	11.7%	5.6%	3.3%
無回答	0.8%	0.6%	0.3%	-	0.2%	-	-	3.3%
合計	(753)	(324)	(327)	(42)	(498)	(300)	(142)	(30)

（出典：独立行政法人労働政策研究・研修機構
男女正社員のキャリアと両立支援に関する調査　平成25年）

> 目標8「働き甲斐も経済成長も」
> 　8-3）生産活動や適切な雇用創出。
> 　8-5）2030年までに、若者や障害者を含む全ての男性及び女性の、完全かつ生産的な雇用及び働き甲斐のある人間らしい仕事、並びに同一労働同一賃金を達成する。

> 目標10「人や国の不平等をなくそう」
> 　10-1）2030年までに、各国の所得下位40％の所得成長率について、国内平均を上回る数値を漸進的に達成し、持続させる。
> 　10-2）2030年までに、年齢、性別、障害、人種、民族、出自、宗教、あるいは経済的地位その他の状況に関わりなく、全ての人々の能力強化を促進する。
> 　10-3）差別的な法律、政策及び慣行の撤廃、並びに適切な関連法規等を通じて、機会均等を確保し、成果の不平等を是正する。
> 　10-4）税制、賃金、社会保障政策をはじめとする政策を導入し、平等の拡大を漸進的に達成する。

　目標8、10に対する顧問先への指導内容、指導成果は下記の通り。

（3）中小企業における求人対策を見直し、雇用創出拡大に努める

① 各顧問先に高齢者求人をしていない企業への働きかけと仕事内容の拡大

　イ）高齢者求人をしない企業への求人の必要性、キャリアを生かしたポジショニング、賃金負担の軽減、高齢者自身が働き甲斐を感ずるような求人票作成指導

　ロ）助成金による企業メリット、若手求人が困難な中、計画通りにいかない企業への補填策として提案

　ハ）とりわけ60才以上の高齢者雇用について、賞与、昇給、退

職金等の負担割合は少なく、更に求人が比較的容易であることを説明。顧問先300社以上で高齢者雇用に門戸を拡大

② 障害者の法定雇用率に満たない企業への積極的な働きかけによる雇用創出の拡大
　イ）法定雇用率を満たす働きかけ、又どのような部門で、どの程度の障害者なら働き甲斐に繋がる雇用条件が明確化できるか相談に応ずる
　ロ）健常者への「思いやり精神の醸成」を目的とした障害者雇用が、職場の環境改善、整備に役立つことを指導、普及の促進

③ あらゆる求人方法の見直しを図ることによる、雇用創出の拡大
　イ）ハローワーク始め、効果のある求人サイトを企業に紹介、求人票の書き方、とりわけ事実に基づく魅力ある書き方、表現法等の指導を積極的に図る
　ロ）求人専門会社による「若者に受ける雇用環境、魅力ある職場作りのイロハ」のようなタイトルで研修依頼、求人で困っている企業へのノウハウ指導

（4）働き甲斐や生き甲斐への挑戦、人間らしい仕事の追求、そのための基本となる同一労働同一賃金への積極的導入を各企業に進める

① 性別、障害の有無に関わらず、仕事の拡大とモチベーション、働き甲斐を追及しながら、職位、賃金、仕事内容の充実に努める
　イ）パート有期労働法第9条の業務内容が同じで責任の重みが変わらない場合、差別してはならない旨や、更に同第8条の業務

内容、責任の重みが変わっても不合理と認められる相違を設けてはならない旨を受け、同一労働同一賃金のあり方を、最近の判例、政府見解等を踏まえて説明。各顧問先に賃金規定の改定の奨励と多くの企業で実質的改定を実施。
　ロ）仕事の働き甲斐、モチベーションとは何かを、各顧問先での管理者、監督者研修を始め、「パワハラのない職場環境」「労働問題の起きない職場環境」と題して多くの企業での全社員研修等を実施。

② 性別、障害の有無を問わず「働き甲斐とは」、「生き甲斐とは」を問いただし、全ての雇用者に均等な教育付与への働きかけと教育の実践
　イ）誰もが均等に教育を受ける権利は、学校教育だけでなく社会及び産業教育の上でも行われなければならないことから、労務管理の中心的テーマとして、これまで優に500社を越える企業、又多くの団体で、「働き甲斐」「生き甲斐」をテーマとした教育を実施。
　ロ）日本の遅れている女性管理職登用。こうしたことの効果的成果を収めるため、県の「女性管理職登用拡大事業」を受託。積極的に女性活躍の場及び方法を提案してきた。

③ 同一労働同一賃金を効果的に進めるため、多くの顧問先に賃金規定の改正、評価基準の点検、見直しを図る。今後もコンプライアンス遵守の観点から積極的に社労士として、同一労働同一賃金の意識強化だけでなく、規定の整備を進めていく
　イ）パートだから、契約社員だから、というだけで基本給、賞与、

退職金、又労働の成果、貢献度に応じない各種手当に差を設けている企業へ、その根拠、定義付けの大切さを説明。そのことで、何ら違いのない非正規社員への妥当な給与設定を促し、各種手当については、早急に改定・実施をした企業も少なくない。また、非正規社員にも人事評価制度を導入し、根拠なき差別撤廃を推進した。

ロ）多くの企業で、同一労働同一賃金の法的意味、自社への落とし込み、運用法を誤解している企業も少なくなく、1,000社を超える顧問先へのリーフレット配布、専門スタッフによる説明機会の増大等によりかなり理解を示す企業が増加した。

④ 「女性だから」の意識をなくし「女性用賃金制度」撤廃

イ）このことは、既に目標5のターゲットでも解説したが、昇進、昇格、配置転換のような人事処遇だけでなく、昇給、賞与等の賃金処遇にも差を設けているところが少なくなく、「女性だから」に制度上の差を設けている企業の撤廃を図った。

ロ）「女性だから」の意識の撤廃を図るため、多くの企業で、管理者、監督者を希望する社員を対象にヒヤリングを実施。その結果を用いて差別解消に向けた会社方針を定めた企業もある。

❷ 人的環境改善に社労士の力を

社労士のできるSDGsとは何か、持続可能な開発目標とは何か。CO_2削減でもない、カーボンニュートラルでもない。しかし、地球にあるあらゆる問題や課題を解決することに取り組み、その成果を出すことが目的となれば、社労士にできることは、自然と向き合う

ものではなく、職場の中に潜む薄暗い環境に光を差すことや人と人とが言い争いをして破綻寸前の人的環境に光を当てること、それこそが社労士のできる持続可能な開発目標ではないのだろうか。まさに「光る職場へ」の提言である。そして社労士の開発目標は、顧問先の職場環境改善が中心となる。

ジェンダー差別の解消、障害ある人への相応しい仕事の提供、高齢者の雇用創出、同一労働同一賃金、それに働き甲斐、生き甲斐を感ずるような職場環境等、あらゆる労務管理の歪みを改善し、そして新制度、新体制、新規定の導入を提言。一言で言えば、「働きやすい職場環境の醸成」これこそが、社労士に与えられたミッションである。SDGsは我々社労士にとって水を得た魚のようであり、2030年までの目標期限に囚われることなく永遠のテーマとして光を当て続けたい。しかし、期限を切って企業や職場に刺激を与えることで、改善されるチャンスが大きくなるなら、これほどいいこともない。

社労士業を営んで46年、1日たりとも1,500社ほどある顧問先の「職場環境を良くするには」「多くの社員が気持ち良く働けるようになるには」の願いを忘れたことはない。そこへSDGs。日本はおろか、世界的に環境整備をしようとする潮流が押し寄せ、我々が乗らないわけがない。更に一昨年、経産省が「健康経営」こそ企業の確かな発展、社員の生き甲斐、働き甲斐に繋がることを発表。各企業の労務環境整備は、まさに追い風である。しかし、現実はそんなに甘くない。潮流、追い風とは別に、今ほど人を取り巻く問題が山積していることもない。それだけに、残されたSDGsの目標期間、あと5年で大きく改善されるよう微力ながら全力であたりたい。

第2章 ▶ 光る職場の20か条

連合会の取り組み

連合会は、これまでも「人を大切にする企業づくり」と「人を大切にする社会の実現」を目指し各種の社会貢献事業を展開してきました。これらの事業はSDGsの目指す目標であるすべての人が健康で幸せに暮らせる社会、働きがいも経済の成長も両立できる社会の実現につながるものです。これからも社労士はすべての人の心に寄り添う労務管理と労働社会保険諸法令の専門家として皆様とともに明るい社会づくりに貢献していきます。

【1】働き方改革の推進
【2】総合労働相談所
【3】社労士会労働紛争解決センター
【4】街角の年金相談センター
【5】学校教育事業
【6】成年後見活動
【7】社会保障政策の技術支援(海外)
【8】社労士診断認証制度
【9】労働条件審査

(出典:全国社会保険労務士会連合会広報サイト「社労士のSDGsへの取り組み」)
https://www.sr-message.jp/sdgs/

(退職代行)

第7条 退職代行、顔は見ずとも後味悪さ残さない契約解除

顔も見たくない

　退職代行が急増している。一般的には、退職者自らが退職意思を伝達、会社側が受理して退職成立。万が一、会社が受理しなくても民法では、2週間が経過すると労働契約が解除される。しかし、退職代行とは、退職時における退職手続きを退職代行者によって行うことを言う。「退職意思の伝達」が主な任務だが、結局は代行者によって退職は成立する。理由は様々。多いのはやはり、退職時、使用者に会うのが嫌、言いにくい、理由も言いたくない、そして顔も見たくない、そんな理由が大半のようである。確かに社労士が、退職による社会保険や雇用保険喪失届を依頼された時、黙って辞めてしまってどうしたらいいものやら、という相談をよく聞く。こんな時、退職代行者による意思伝達があればスムーズに進むこともある。

　その他、引き留められるのが億劫、最初のイメージと大違い、ここでは未来がない、入社時「定年まで辞めることなく頑張ります」と言った手前、社長に合わせる顔がない等、対面で話せない理由の中には、必ずしも会社側にも大きな理由があるわけではなく、というより労務問題が横たわっている場合も少なくない。退職代行業は、今の世相を現した退職困難者の救世主。合理主義や契約主義、スピードや自分本位主義を貫くことを重んじ、相手の感情、お世話になった人へのお礼や挨拶、人と人のケジメ、そして当たり前のように多くの人がとってきた退職時の対応、これら全てが急速に変わろうと

している。

　しかし、ここまでしなければならない職場風土、職場環境に目を移すと、いざ辞める際に職場から「何故、黙って辞めるの」「どうして自分で意思表示できないの」と言われるだろうということを皆が理解しているのだろう。こうした退職代行者を活用しなければならなくなった理由の内、企業側に、使用者側に、こうした事実を嘆く前に、反省し、改善した方がいいことに的を絞って考えてみてもらいたい。

② 割り切りも大切

　退職代行を依頼する労働者の意見を聞いたことはないが、多くは民間代行業者より、有休買い取り、損害賠償や慰謝料請求、あるいは退職金を巡っての交渉となると民間代行業者では非弁行為となって、弁護士法に抵触することから弁護士に依頼することが多いようである。いきなり法律事務所から退職代行の知らせが来て驚くことも多いようだ。そこで会社側に聞いてみると、「こんなにお世話になっておきながら水臭い」「終わり良ければすべて良しって言うのに、何故？」等と愚痴三昧。

　そこで少しその理由を覗いてみると、やはり上司や人間関係の縺れが一番多い。これまで各項で人間関係悪化が大きなモチベーションダウンや責任放棄に繋がるため、早急な手立てが大切だと解説してきたが、その影響は最後の退職ステージまで尾を引くことになる。エン・ジャパン株式会社によると退職代行使用理由で最も多いのは、上司や職場の人間関係の縺れが6割にものぼる。

　こうしたステージを迎えないようにするため、企業は、使用者は、

常日頃どのようなことに配慮した労務管理が必要になるのか、まとめてみると次のようになる。
　① 　ストローク（74ページ参照）の量を少しでも増やす
　② 　普段と違う言動が現れたら即コミュニケーションをとる
　③ 　部下からの相談の多い少ないは、部下のモチベーションのバロメーターである
　④ 　特に退職代行が多い入社3か月未満の社員への上司の言動に要注意
　⑤ 　話しやすい先輩を選び、新人相談係を担当させる

　とはいえ、どんなことをしても辞める人は辞める。退職代行であれ、本人依願退職であれ、退職者自身の決意に勝る労務管理はない。となれば割り切りも必要。問題は線引き、要はどんな方法で辞めても立つ鳥跡を濁さず、なら良しとすることである。
　まだ退職代行を頼みたくないという人も3割いるものの、状況によって利用する者は4割にものぼる（資料9下）。年代の高い人ほど受け入れがたい退職ステージだが、これが今の世相を反映している姿だとすれば、少しでもそうならないための光を職場に差し込むことである。

第2章 ▶ 光る職場の20か条

資料9　「退職代行」実態調査

●「退職代行サービスを利用したことがある」と回答した方に伺います。
　退職代行を利用した理由を教えてください。（年代別／複数回答可）

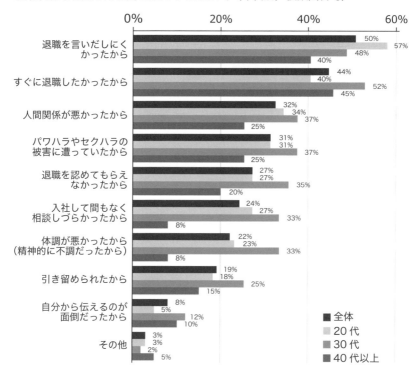

● 今後、退職代行を利用したいですか？

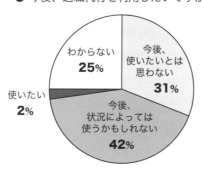

（出典：エン・ジャパン株式会社　7700人に聞いた「退職代行」実態調査）

（達成感の高満足度）

第8条　達成感の高満足度は、全社員目標を全社員共有して全社員で達成することである

差別のない分配

　4年前から様々な目標を全社で考え、毎年同じ目標を掲げ、その達成度に基づいて、全社員を公平、公正に評価している企業がある。そこには雇用形態による差別も、等級や地位による差別も、職務や役割による差別も、いわんやジェンダー差別もまるでない。要は、50人程の社員が、いくつかある目標に向かって、1年間意識し、努力し、自分なりのレベルで、できる範囲で、目標を達成しようとするのである。評価基準も達成基準も予め決め、それによって厳正に評価。そしてその年度の経営状況を勘案して経営者が原資を決め、全社員一律公平に分配される。なんと美しい労務管理であろうか、優しい労務管理であろうか。こんな企業があるだろうか。

　それだけに誰もがこの目標を意識して1年を過ごす。意識するため、職場のあちこちにその目標課題が掲示され、それをいつも誰もが見る、考える、意識する、行動する、そして結果を出す。そしてその一人一人の社員の総和が評価そのものとなる。

　この企業、ここまで同じ目標を掲げながら、その目標が今尚劣化せず、陳腐化せず、新鮮味を社内に放っているのは何故であろうか。まずはこの目標を、経営者が、全社員が、事あるごとに口にし、言葉にし、達成意識が職場に溢れているからである。

　企業目標を立て、それを受けて部門目標を決め、そして個人目標を計画的に進める企業はいくらでもある。しかし、この企業が違う

のは次の点である。
  ① 誰もが取り組める課題
  ② 誰もが共有できる課題
  ③ 誰もが達成できる課題

　だから他人事ではない、自分の努力度合いが全社員に影響するのだ。こうなると人は、少しでも周りや仲間に迷惑を、負担を、プレッシャーをかけまいとして、自然に協調性や仲間意識が醸成される。この会社の狙いはそこにあるようだ。では、どのような課題に取り組んでいるのか、詳しく紹介したい。

2　5つの課題

　そもそも企業の中で誰もが同じ課題に取り組むことは、部門や業務内容が違うことから簡単ではない。しかし、この企業の特徴は、誰もが仕事する上で大切にしたいことや身近なこと、課題が頑張れば手が届くことにある。そして、何より大切にされているのは、「誰もが同じ山に登って同じ喜びを共有すること」である。聞いて、なるほどと感じた。

1　健康トラブル0

　この評価基準は、年1回行われる健康診断結果を受け、その評価がD2以上の人、再検査が必要とされた時、直ちに再検査を受けたかどうか、又日頃から健康に配慮、うがい、手洗いを徹底したとか、更に体だけでなく、心の健康を害するような職場環境の有無を振り返り評価対象としている。

2 交通トラブル0

　業務上の交通違反、事故の有無、全社員の違反及び事故件数、又事故理由等を評価対象として、半年ごとに全社員のトラブル集計、評価決定している。このことが安全意識向上、安全運転励行に繋がり、交通トラブル減少に一役買っている。

3 設備トラブル0

　会社の設備に不具合があった時、本来総務課対応になっているが、「ものを大切に、気づきは全社員責任」をモットーとしている。劣化、摩耗による設備不良があるにも関わらず、それを知りながら使って破損、又重大な過失で破損した場合には減点対象とする。しかし、ルール及び手順通りに行われれば減点対象にならず、手順無視、使い方不良等によって設備トラブルを起こした場合のみ減点対象となるのが特徴である。

4 人間関係トラブル0

　この企業が最も力を入れているのがこの項目。聞くところによると、人間関係の悪化によって、退職を余儀なくされた社員までいたことからトラブル0を目指し、様々な工夫をしている。

① 　毎年2か月間程「心と体のキャンペーン」を実施。健全な精神は健全な肉体に宿ることから、心も体も健康に努めた人への表彰制度を採用。

② 　経営理念の一つ「思いやり」を掲げ、会議、周年記念行事等で意識喚起を促進。

③ 　互いの気遣いで、少しでも態度、表情、言葉使い等に変化があった場合、「即対応」を大切にしている。

これ以外にもいろいろ工夫されているようだが、評価基準は、このようなことを実施したにも関わらず結果的に退職者まで出した時、最も厳しい評価となる。

5 業務トラブル0

製造業であれ、販売業であれ、サービス業であれ、業務トラブルが無いところはない。いわば業務トラブルは付き物。この企業もそういったトラブル、クレームを削減、撲滅するため最善の工夫をしている。昨年から改善コンサルタントを活用し、改善を全社的に強力に進めていることから、かなりのミスやトラブルを削減し、効率化が進んだ。更に1人ダブルチェックを重視し、リーダーシップ以上に自己責任、つまりメンバーシップの大切さを実践。従って、どんな作業も必ず仕事の切れ目で再点検、再確認を一人一人徹底している。しかし、この項目評価、そのトラブルによって企業に与えた損害度を基準に定めている。

こうした5課題について半年ごとに評価し、原資を全社員均等に配分する。そして本来の意図である以下の、

　　イ）全社員 One team 尊重
　　ロ）連携の大切さの再認識
　　ハ）痛みと喜びの共有
　　ニ）「今年こそ」への挑戦
　　ホ）トラブル0の意識向上

という5目標、5課題を掲げて4年、この企業が「光る職場へ」近づきつつあることを感じた。

③ ギグワーカーと一体感

　ギグワーカー（業務委託契約で働く一種のフリーランス）が俄に脚光を浴びようとしている。40年ほど前、厚労省は、正規社員とパートタイマー、アルバイト等の非正規社員（委託契約社員も含まれていたが見送られた）に対する有休のあり方、最低賃金の適用範囲等の保護措置を考えていた。そして、数々の法制定、法改正等で非正規社員への保護措置はかなり整備されてきた。しかし、ギグワーカーは蚊帳の外、これまで一貫して個人経営者とされ、労基法、最低賃金法による保護措置が無いままで来た。忍び寄る人手不足の解消、自由な働き方による価値観の多様化、AIやDX化による産業構造や雇用形態の変化、更に生産性向上等の観点からこれから飛躍的に増加していくことが予想されている。

　そこでこうしたギグワーカーの賃金、休日等について、一部労基法の適用が、今年度中にも厚労省指針として進みそうだ。労働者とは使用される者で、賃金を支払われる者であるが、これまで誰が使用者か、使用者から支払われている実態はあるのか、又賃金は使用者から支払われるものである限り、ギグワーカーが得ていたこれまでの報酬を賃金と言えるのか、が議論の的となっていた。しかし、働き方の多様化を厚労省が大幅に認めようとしている今日、こうした人にも光を与えるのは至極当然のこと。インターネット上のプラットホームで単発の仕事を請け負うわけだから、労働時間の概念、指揮命令の有無等から労働者と定義することが難しくこれまで経営者とみなされてきた。しかし、AIやアルゴリズム（プログラムに盛り込んだ一定の処理方法）による指示によって配達することになれば、これを使用者とみなし、諾否が本人に任されていれば経営者

とみなすようである。

　ジョブ型雇用制度の導入、テレワーク拡大による職場の変化、育休法改正による男性育休者の急増、副業を奨励する企業の増加等、これまで三種の神器とまで言われた年功序列型賃金と終身雇用制度が大きく崩れようとしている。そうなると、これまで多くの企業で大切にしてきた、「経営方針の共有」「職場の一体感」「One teamの大切さ」に変化も見られ始めてきた。

　慰安旅行、忘年会、食事会等を社員全員でする福利厚生やイベントが、年々減少傾向にあるだけでなく、そうしたことを重視する考え方さえ消滅していこうとしている。ネットの普及、価値観や働き方の多様化がそうさせていることは否めないが、果たして企業の労務管理はそれでいいのだろうか。否である。それはどれだけ働き方が変わっても、まだ多くの企業がメンバーシップ型雇用を採用しているからである。そしてその雇用制度の元では、これまで長期に渡り一貫して変わらないこともたくさんある。企業の一体感もその一つであることは間違いない。

　会社理念、方針は明確でなければならない。又その理念、方針は全社員で共有されていることが、職場活性化の大きな要因になっているのも事実である。一体感の原理原則である。そして誰もがこの企業のように、健康トラブル０、交通トラブル０、設備トラブル０、人間関係トラブル０、業務トラブル０を目指し、より良い職場になることが、一体感だけでなく各自の働き甲斐、生き甲斐になっていると確信できるからである。結局、どれだけ働き方の多様化が進んでも、多くの場合、人として喜び、潤い、充実感、達成感を感ずるのは、やはりチームがあって、仲間がいて、自分だけでなく、誰かのために喜んでもらえることを目標や課題にしているからである。

(プロセスの重要性)

第9条 企業の成長は、社員一人一人の金メダルにかけるプロセスによって決まる

「私の金メダル」

　もう一つ好事例を紹介したい。この企業は6年前から各個人に目標として「私の金メダル」を持たせている。それは、その目標の設定から達成度までを全て自分意思で決定。そして予め決めてある原資を、その自己評価をした総評価点で除し、ポイント単価を決め、誰しも公平に年1回支給する制度である。個人目標を人事評価に入れ、昇給、賞与などに利用する企業はかなり多いが、この企業のように、昇給、賞与とは関係なく、あくまで個人目標を全て自己決定(設定の妥当性に上司も関わるが、極力本人意思を尊重)するのは極めて珍しい。何故か。「各自の自主性を育み、自分の意思で決定することの重要性を身に付け自己成長してほしい」からだそうだ。もちろん自己評価する上で、ある程度の基準は決めてある。そしてもう一つ驚いたのは、総原資決定は、誰でもない、社員一人一人の総力の結果、売り上げや利益に連動しているのだそうだ。

　以前、某コンサルタントからこんなことを聞いた。人事評価で最も進んでいる企業は、全て自己評価したものを配分するものであると。そこまではできないまでも、最近自己評価制度を導入している企業で、自己評価を重視する企業は確かに増えてきた。それは、それだけこの企業のように、自己決定を大切にしようとする表れでないだろうか。そして、この企業をもう少し詳しく紹介しながら、「社員による、社員のための、社員の評価制度」を考えてみたい。

2024年パリオリンピックが終了した。外国開催のオリンピックで、日本が獲った金メダルの総数は最高の20個。誰もが驚いた。しかし、金メダルを獲得するためには、並大抵の努力ではとても叶わないだろう。また、金メダルの獲得数もさることながら、やはり誰もが驚嘆したのは、そのプロセスに人並外れた汗と涙のドラマが隠されていたことも挙げられる。結果は一瞬だが、本来その人の偉さ、尊さ、素晴らしさは、その結果、ゴールのためにどれくらいの努力を注いだかによって決まると言ってもいい。

エジソンの名言に「天才は99％が苦汗、１％が才能である」「私は失敗したことはない。ただ１万通りのうまくいかない方法を見つけただけである」というものがある。成功者のプロセスがいかに大切かを見事に表した名言である。前述の企業だが、全社員に、「私の金メダル」に挑戦させるのも、そのプロセスを大切にする人間になって欲しいからだ。強い思いを聞かされ、思わずこの姿勢こそ、結果以上に、この企業が大切にしている「光る職場へ」誰をも導くための本流であることを知らされた。それではその本流を詳しく解説させていただく。

**結果以上に
プロセスが大切**

モチベーションの原点

　講演会場や研修先で受講者によく聞くことがある。「皆さんは職場でどんな時、どんなことをされるとモチベーションを感じますか」大きく分けると大抵2つになる。1つは、金銭的なこと、休日が多いこと、残業が少ないこと、福利厚生が充実していること等、待遇、労働条件的なこと。もう1つは、経営者や上司から誉めてもらえたり、相談にのってもらえたり、仕事を任せてもらえたり、新しい仕事に挑戦させてもらったりするような時であると。このことは、これまでに解説させて頂いた「レビンの法則」そのものである。そして、そのことをこの企業は見事に実践しているのだ。

① 目標や課題、更に最終評価も自分たちで決める。
② そして、その評価による報償金の分配も自分たちの成果や努力の結果を公平に分配される。

　まさに言い得て妙である。その中身を紹介させていただく。
　まず、目標や課題の選択はどんなことも全く自由ではなく、ある程度その企業で、大きな方針を決め、その範囲内で設定したものである。おおよそ毎年の目標、課題数は5つ。

① その年度の会社方針を受けたもので、自部門における仕事の成果や取り組み姿勢に関すること。
② 企業理念に関係すること。
③ 自己成長のため自己分析し、自分に欠けていることへの挑戦課題であること。
④ 「心と体の健康キャンペーン」に関すること。
⑤ SDGs に関すること。

　そしてその出された課題を受け、担当上司が面談する。このとき、

この企業が最も大切にしていることは、課題が甘いとか、相応しくないとか、的外れのようなものであっても極力本人の意思を尊重し、「もう少し別の側面から考えてみては」「君のレベルはそんな低くないのでは」と言うように、指示、否定、規制するのではなく、本人を促すような働きかけをしていることである。そして課題が決まると約1年、その課題に誰もが取り組む。課題を常に心に置いて取り組んでもらうため、全社員の課題は見やすいところに掲示（最近はPCで誰もが見られる）される。途中1回、中間面談を実施し、そして対象期間終了時に報告書を提出する。あとは既述したように、全社員の成果による売り上げ、利益状況を見て原資を経営者が決定する。

　こうして「私の金メダル」を続けられて6年、ここまでなんら色褪せることなく、誰もが自分の立てた目標や課題に取り組んでいる。何が色褪せない理由か。それはやはり、一番大切にしている「主体性の涵養」ではないだろうか。そして、「私の金メダル」人事制度の大道から少し脇役を務めながらも、実はその効果は抜群なのである。それは、自分達で努力し、それなりの成果を分かりやすく分配に反映していること。地位や等級、役職の有無を無視して、あくまでも本人の努力、本人評価がベースになっているからである。

　前述した5課題に取り組む企業と類似しているのは、分配金の多い少ないではなく、誰が主人公なのか、そこである。その2例、つまり「5目標」と「私の金メダル」にこそ、人事的には亜流で側道並の制度ではあるが、今も社員の心を掻き立てる誘因となっている気がする。多くの原資をここに向けることはない。お金だけで人は動かない好例である。

　是非、参考にしていただいて、社員のモチベーションアップと責任感の向上、仲間意識、一体感作りに活用してもらいたい。

（パワハラのない職場）

第10条　パワハラのない職場、相手への思いやり度が一定量を常に上回っていることである

何故、パワハラが…

「時間が経てば自動的に水は落ちてくるのに、どうして柄杓で水をかけるんだ、バカかお前は！」「ここに柄杓が置いてあるからいいんじゃないの」「バカ、止めろ！何回言ったならわかる、出ていけ！直ぐ出ろ！」「出ろはないでしょう、あんたこそパワハラで訴えますよ」こんな言い争いが5分程続いた。フィンランド方式によるサウナストーンが設置されたというので、中に入ったらいきなりロウリュサウナ室で怒号や罵詈雑言。これってパワハラ、ではない。確かにこんなことを職場でする人はよく見かけるが、ここは「職場ではない」から単なる知らぬ者同士の言い争いだ。

2022年4月から中小企業にもパワハラ防止法が制定。その骨子は、①優越的な関係を背景とした言動があって、②業務上必要かつ相当範囲を超えたもので、③労働者の就業環境を害され、次の6類型の行為による場合、パワハラとされている。

■ パワハラの6類型

身体的な攻撃	殴る、蹴る、叩く等
精神的な攻撃	人格否定言動、長時間の叱責
人間関係からの切り離し	集団無視、孤立化を意図したもの
過大な要求	不可能なノルマの要求
過小な要求	仕事を与えず、不相当作業等
個への侵害	性的指向、個人情報の暴露等

そして、こうしたことにならないよう、又なった場合、企業として講じなければならない措置とは、

イ）事業主方針の明確化及び周知、啓発
　　→ 朝礼等での方針発表、就業規則による周知、啓発を行う。
ロ）相談に応じ、適切に対応するために必要な体制の整備
　　→ 社内、社外に相談窓口設置。
ハ）職場におけるパワハラに関する事後の迅速かつ適正な対応
　　→ 被害者に配慮した措置を講じ、再発防止を行う。
ニ）併せて講ずべき措置
　　→ プライバシー保護、解雇及び不利益取り扱いしないことの周知、啓発。

パワハラ防止法が制定されてから3年。現場で日々パワハラ相談を受ける社労士から見て、この法施行による職場への影響、効果はどのように変わったのだろうか。ネットやマスメディア、仲間からの情報で、確かにハラスメント意識は大きく変わったように感ずる。

しかし、この法の趣旨、目的等をしっかり理解せず、形式的な言動だけが先行したり、肝心なことへの意識が弱いからか、厚労省等の統計によると被害者数は増加傾向にある（資料10）。

資料10　精神障害の出来事別決定及び支給決定件数一覧

出来事の類型	具体的な出来事
1 事故や災害の体験	業務により重度の病気やケガをした
	業務に関連し、悲惨な事故や災害の体験、目撃をした
2 仕事の失敗、過重な責任の発生等	業務に関連し、重大な人身事故、重大事故を起こした
	多額の損失を発生させるなど仕事上のミスをした
	会社で起きた事故、事件について、責任を問われた
	業務に関連し、違法な行為や不適切な行為等を強要された
	達成困難なノルマが課された・対応した・達成できなかった
	新規事業や、大型プロジェクト（情報システム構築等を含む）などの担当になった
	顧客や取引先から対応が困難な注文や要求等を受けた
	上司や担当者の不在等により、担当外の業務を行った・責任を負った
3 仕事の量・質	仕事内容・仕事量の大きな変化を生じさせる出来事があった
	1か月に80時間以上の時間外労働を行った
	2週間以上にわたって休日のない連続勤務を行った
	感染症等の病気や事故の危険性が高い業務に従事した
	勤務形態、作業速度、作業環境等の変化や不規則な勤務があった
4 役割・地位の変化等	退職を強要された
	転勤・配置転換等があった
	複数名で担当していた業務を1人で担当するようになった
	雇用形態や国籍、性別等を理由に、不利益な処遇等を受けた
	自分の昇格・昇進等の立場・地位の変更があった
	雇用契約期間の満了が迫った
5 パワーハラスメント	上司等から、身体的攻撃、精神的攻撃等のパワーハラスメントを受けた
6 対人関係	同僚等から、暴行又はひどいいじめ・嫌がらせを受けた
	上司とのトラブルがあった
	同僚とのトラブルがあった
	部下とのトラブルがあった
	顧客や取引先、施設利用者等から著しい迷惑行為を受けた
	上司が替わる等、職場の人間関係に変化があった
7 セクシュアルハラスメント	セクシュアルハラスメントを受けた
8 特別な出来事	
9 その他	
合計	

第2章 ▶ 光る職場の20か条

	令和4年度				令和5年度			
	決定件数		うち支給決定件		決定件数		うち支給決定件	
		うち自殺		うち自殺		うち自殺		うち自殺
	94 (31)	4 (0)	42 (14)	2 (0)	126 (43)	4 (0)	47 (8)	2 (0)
	124 (64)	2 (0)	89 (43)	1 (0)	154 (88)	2 (0)	111 (63)	0 (0)
	11 (6)	0 (0)	7 (5)	0 (0)	12 (1)	0 (0)	3 (0)	0 (0)
	29 (6)	5 (0)	8 (2)	3 (0)	46 (11)	11 (0)	12 (0)	5 (0)
	10 (2)	0 (0)	6 (2)	1 (0)	13 (7)	3 (0)	4 (0)	2 (0)
	7 (4)	1 (0)	3 (2)	1 (0)	23 (10)	1 (1)	7 (4)	1 (0)
	22 (5)	3 (0)	7 (2)	1 (0)	17 (5)	4 (0)	4 (1)	1 (0)
	9 (2)	4 (0)	3 (0)	2 (0)	10 (1)	1 (0)	3 (0)	0 (0)
	33 (15)	5 (1)	8 (1)	3 (0)	35 (15)	5 (0)	11 (2)	3 (0)
	2 (1)	1 (0)	1 (0)	1 (0)	4 (1)	0 (0)	2 (0)	0 (0)
	180 (64)	32 (4)	78 (20)	16 (1)	265 (91)	34 (3)	100 (24)	18 (0)
	27 (7)	2 (0)	21 (7)	2 (0)	61 (9)	12 (0)	35 (7)	8 (0)
	53 (9)	12 (0)	38 (5)	9 (0)	52 (13)	9 (1)	33 (11)	7 (1)
					11 (10)	1 (1)	2 (1)	1 (1)
	5 (1)	1 (0)	2 (0)	0 (0)	6 (2)	1 (0)	0 (0)	0 (0)
	26 (10)	1 (0)	6 (3)	0 (0)	38 (21)	3 (2)	9 (5)	2 (0)
	78 (30)	14 (1)	12 (4)		88 (38)	15 (0)	18 (5)	8 (0)
	6 (3)	0 (0)	2 (1)	0 (0)	18 (9)	2 (0)	5 (2)	2 (1)
	18 (6)	1 (0)	2 (1)	0 (0)	15 (8)	0 (0)	0 (0)	0 (0)
	2 (1)	1 (0)	0 (0)	0 (0)	11 (7)	2 (2)	2 (1)	1 (1)
	0 (0)	0 (0)	0 (0)	0 (0)	4 (2)	0 (0)	0 (0)	0 (0)
	257 (112)	17 (4)	147 (57)	12 (2)	289 (116)	11 (2)	157 (55)	10 (2)
	148 (90)	1 (0)	73 (44)	0 (0)	118 (64)	1 (0)	59 (32)	1 (0)
	475 (254)	27 (5)	23 (10)	5 (2)	599 (316)	27 (4)	21 (9)	3 (0)
	107 (74)	2 (1)	1 (1)	0 (0)	143 (88)	3 (1)	7 (4)	0 (0)
	12 (5)	2 (1)	4 (2)	2 (1)	25 (10)	1 (0)	5 (3)	0 (0)
					83 (66)	1 (1)	52 (45)	1 (1)
	7 (4)	0 (0)	0 (0)	0 (0)	4 (0)	1 (0)	0 (0)	0 (0)
	102 (101)	0 (0)	66 (66)	0 (0)	156 (153)	0 (0)	103 (100)	0 (0)
	61 (25)	4 (0)	61 (25)	4 (0)	71 (30)	5 (0)	71 (30)	5 (0)
	81 (34)	11 (3)	0 (0)	0 (0)	86 (48)	10 (0)	0 (0)	0 (0)
	1986 (966)	155 (20)	710 (317)	67 (6)	2583 (1283)	170 (23)	883 (412)	79 (7)

(出典：厚生労働省　令和5年度過労死等の労災補償状況)

何故、被害者数が減らないのか。そして、このことによる悲痛な叫びは、来る日も来る日も限りなく聞こえてくる。やはり一番は、その行為の「相当範囲を超える」意味や考え方の違いである。そして、そのことを考えるとき、どうしても頭を過ぎるのは、「欲求と耐性」のバランスではないだろうか。人には様々な欲求がある。
　パワハラとなる加害者側の一般的な欲求とは、

┌───┐
│ ・言う通りにやって欲しい　　・分からない時は聞いて欲しい
│ ・言い訳を言わないで欲しい　・必要な報告を必ずして欲しい
│ ・ミスしたら謝って欲しい　　・礼儀作法を守って欲しい
│ ・まずやることをやって欲しい・遅刻、欠勤しないで欲しい
│ ・もっと真剣にやって欲しい　・悪口や陰口を言わないで欲しい
└───┘

等々である。まだまだその時の欲求は無数にある。そして、人はこの欲求が満たされないとき「欲求不満状態」におかれパワハラ的言動になることが少なくない。確かに、被害者にも原因があることは多い。そこで注意、指導する。ところが、そこに落とし穴がある。耐性とのバランスである。良かれと思ってやったことが「相当範囲を超える」のである。どんなハラスメントも、こちらの判断でその正否が決まるのではなく、相手、つまり被害者の受け止め、考え、思い、苦痛の程度が全てである。一線を踏み越えれば違法となるオーバーランなのである。

　我々が相談を受ける時の大半は、このやり取りがパワハラ存在のキーとなる。それではどうして、優越的な関係を背景とした人が、その人のためを思ってしたことが、相当範囲を超え、やる気を阻害させてしまうのだろうか。このことにどれほど悩んだろうか。答え

は簡単ではないが、そうならないための根本、基本、ここだけは押さえておきたいことは何かを考えてみた。

② 萎縮効果と適正指導

今、世の中で言われるハラスメントの種類は、20とも30ともいわれている。主だったものでも優に10種類にのぼる。

- ・パワーハラスメント
- ・マタニティーハラスメント
- ・ロジカルハラスメント
- ・モラルハラスメント
- ・ケアハラスメント
- ・セクシャルハラスメント
- ・パタニティーハラスメント
- ・カスタマーハラスメント
- ・ジェンダーハラスメント
- ・アルコールハラスメント

とにかく多い。一般的にハラスメントとは、嫌がらせやいじめ等によって、相手が不快感を覚え、就業意欲がなくなるような行為全般を言うのだが、どんなことでも相手が不快感を覚えるようなことだとハラスメントになるのか。必ずしもそうではない。その程度によっては、当然パワハラとは言えないということもかなり多い。パワハラ防止法にもあるように、該当するのは「相当範囲を超える」ものである。しかし、この範囲が不明確なため、人は「萎縮効果」を受け、指導にも大きな影響を与えかねない。事実、多くの上司から「黙っているのが一番」「何も叱れない」「どう言えばいいのか分からなくなる」といった少し行き過ぎた発言を耳にすることも度々ある。

指導する場合の厳しさは、当然大切な要素で、時には真剣に部下のために叱ることも極めて重要なことである。しかし、相手次第と

なるとそう簡単ではない。そこで考えて欲しいことは、ごく当たり前のことだが、その実践に尽きる。これを小生はパワハラの起きない、というより起きにくい「３要素」と呼んでいる。
　①　我慢「耐性」ベースに
　②　相手目線に立った
　③　思いやりある言動
　この３要素があれば、多くの指導行為は、パワハラ色を無色に、そしてパワハラとなることはまずないと言っても過言でない。まさに「光る職場へ」の第一歩である。そこで、もう少しこの「３要素」を分解してみよう。

　我慢とは、指導の限界、つまりそこまですれば、相当範囲を超えることになるので、我慢を「できるだけ、できるだけ、できるだけ」して耐性を強くすることである。既述したたくさんの欲求、それが希望通りいかなくても我慢することである。欲求のままに人が動いてくれるわけでもないことを知っていながら、ついつい人は相当範囲を超えることをする。その言動で不快感を抱くのは、あなただけでなく、相手もであるということを知るべきである。
　相手目線とは、相手の性格、能力、興味、特徴、これまでの経験を考慮して、指導する時、必ず相手の欲求度、レベルに合わせることを意識して指導することである。背中の曲がったおばあちゃんに話しかけるとき、小さな子供を指導するとき、人は誰しもその背丈に合わせて話をする。背丈だけでなく、言い方もその人に合わせた言い方をする。まさにその目線である。こちら目線だとやはりパワハラになることが多くなるからだ。背丈の位置を、話し方のレベルを、「相手尊重型」にすることである。

思いやりのある言動とは、これが簡単なようで一番難しい。まさに言うは易く行うは難し、とはこのこと。本当の思いやりとは、「その人格や言い分を受け入れる包容力」があることだ。俗っぽく言えば、「君の言うのも最も…」「言うことはよく分かる…」というように、受け入れる姿勢、言葉を挟むことである。ものは言い方、それによって、人は、部下は、受け入れられたと思えば、あなたの意見をもっと素直に聞くことになる。つまり思いやることが、相手の態度を180度変えることもあるのだ。部下を成長させたい、ものになるようにしたい場合も思いやりが大事になる。そこで、思いやり5則を実行してもらえるとパワハラになることはまずない。

イ）話すことより聞くことを最優先すること
ロ）聞く態度、じっくり、しっかり、目で聞くこと
ハ）思うようにやれてなくても認める言語を使用すること
ニ）受け入れて叱ることも思いやりの一つであること
ホ）言う前に、感謝の意思表示をすること

是非、やれることからでいいので明日からでも実践して欲しい。

（認めてくれる職場）

第11条 若者に夢を与える会社、どれだけ自分を認めてくれるかである

1 デジタル化と若者の夢

AIやDX化がかなり進んで20年前と大違いの職場もあれば、殆ど変わらない職場もある。DX化が進んだ企業、かつては技術や技能を高めるのに多くの時間と労力を費やしたが、今ではそのお陰で

あっという間に技能習得、はるかに良質のサービスや製品ができる企業も多くなり職場環境も大きく様変わりした。そして、そのデジタル化の波に難なく乗り込める若手と少し時間や抵抗を感ずる高齢者との間に、これまで見られなかったような心の亀裂や壁を感ずる企業も増えつつある。それでも技術に時間と労力がかかる企業では、これまでのような年功序列型賃金制度が見事に機能し、メンバーシップ型の雇用環境が維持され、経験者、年輩者を重んずる風土は厳然と残されている。まさに職場環境の多様化、多角化が急速に進んでいる。こうしたデジタル化は、どの企業も避けて通れない環境だけに、若者を呼び込む企業環境をどう作るのか、又どうすれば若者に魅力ある職場環境を提供することができるのか、日々顧問先の求人業務を代理、代行させていただいている中で必ず直面する。

　ある顧問先で、19才の若者が退職したいと言うので理由を聞いてみると、わが社はデジタル化が進んでいないので、進んでいる企業に転職したいと言うのである。人間関係でも待遇でもない。ただそれだけの理由である。企業だけでなく社会も地域もありとあらゆるところで、デジタル化の恩恵を受けている。世界に遅れまいと行政もここ数年の間に、大量のIT人材養成に乗り出してきた。誰もがそちらを向いて仕事しないと、人間そのものさえ遅れていくような錯覚に陥るところまで来ている。これでいいのだろうか。便利なこと、品質のいいこと、これまでより遥かに大量生産ができること、生産性向上が見込めること、そしてそのためのソフト開発、システム導入。どれもこれも企業のデジタル化は我々に多くの夢を与えるだけでなく、職場環境もそうでなければならないと言わせているようでもある。おそらくデジタル化を反対する人は少ないと思うが、それが若者を呼び込む最大の条件となると首をかしげる人も少なく

ないのではないだろうか。それでは若者を呼び込む条件とは何か、これまでの社労士経験をもとに小生なりの条件を考えてみた。

堂々と転職していく社員

② ある企業にヒントが…

それではどうすれば、若者を呼び込む企業、魅力ある企業、入社しても退職したくない企業を作り上げることができるのか。このことを解説する前に、ある顧問先を紹介しながら、そこに若者を呼び込める、魅力を感ずる、そしてずっとそこで働きたくなるヒントが隠されていることを考えてみたい。

社員150人程のある製造会社では、毎年10人程度の新卒者が入社する。しかし、その大半は1年もしない間に退職。そこで10人程の監督者（主任、係長）にヒヤリングしたところ、いくつかのこ

とが分かった。

① フォローのない監督者

　実力ある若手監督者の登用を数年でするものの、管理者（課長以上）との間に年齢差、経験差、考え方の違い等が大きく、若手監督者へのフォローが少ない。

② 見て見ぬふりする職場

　入社間もない若手が、あちこちの部門で人間関係的な問題に遭遇。しかし、監督者も若手だけに相談どころか、厳しい指導を1年未満の社員に強いて更に人間関係が悪化。教える側も、教えられる側も、互いに傷つき退職者の増加に繋がっている。

③ 話し合う場や制度がない

　若手同士で一部に友好的な関係は見られるものの、公式に相談できるような制度（メンター、ヒヤリング、フィードバック面談等）がないため、仕事や人間関係の悩みを各自が抱え込み、ついには退職に追いやられてしまう実態をあちこちで散見。

④ イメージと違う実情

　入社前、きれいな職場、魅力ある職場、楽しい職場の触れ込みがあって入社するものの、beforeとafterとの乖離。入るとかなり違うことを発見。その一番が社員を大切にする職場環境でないこと。品質第一、生産第一、納期第一が何より優先。上司、先輩からの声かけが少ないこと、教え方が上司目線であること、挑戦しようとする意欲を萎えさせるような言葉のキャッチボール。まさに社員ファーストではない。

⑤ 夢を持てない

　作るものからして誰しも夢のあるような楽しい職場であるにも関わらず、多くの若者が夢を持てないという。どこまで行っても働い

た成果、プロセスに積み重ねがなく、軌跡に価値が見出せないことから、永年勤続に誇りが持てないのだ。「これをやればいい」「これだけが君の仕事」「余計なことを考えないで、目の前の仕事に集中しなさい」である。つまり規格外ビジョンや夢への願望、挑戦を重視しない職場環境なのである。

これ以外にも待遇に不満を抱く若者も少なくない。しかし、どこの企業もそこにメスを入れることはない。また、経営状況との関係があるため一概に言えないが、総じて若手社員が口を揃えて言うのは休日の増加、有休の使い易さである。こうした待遇面の改善は後述に譲るとして、ここでは上記①〜⑤のヒントを考えながら、それではどうすれば、こうした企業に若手を呼び込み、定着させることができるかを考えてみよう。

天を仰いで「夢が欲しい」と叫ぶ

若者が求める職場環境

　ある新聞に「入社間もない若手社員の退職理由で一番多いのは、人間関係」と書いてある記事を見て、社労士として毎日のように、経営者から、役員から、総務部長から、社員のことで相談を受けるとき、「近頃の若者は我慢ができない」「規則、規則って言うと嫌な顔する」「話せない、話さない若者が多い」「やはり辞めてくのはベテランとの考え方の違い、気楽に話し合える雰囲気がない、それに上司、部下、同僚同士の人間関係の悪化かな」という話をよく聞くことを連想した。まさに新聞掲載の内容と符合する退職理由である。
　それではどうすれば、若者が求める職場をつくることができるのか、入りたくなるような職場になるのか、そして、そこで少しでも長く働いてもらえるような職場になるのか、前述2の問題①～⑤を考えながら解説させていただく。

（1）チャレンジ風土の醸成

　「改善したけれど」ということをよく聞く。これは入社間もない若い人がいろいろなアイデアを出して提案するのだが、それを受け入れようとしない先輩、ベテランがいて、折角の改善が宝の持ち腐れになることを言う。また、若者がいろいろ提案してもそれを受け入れようとしない雰囲気があったり、意見の良し悪しを直ぐ口にして、「そんな程度のことならもうずっと前からやってるよ」と言って折角考えたことも一蹴。これで、改善風土、チャレンジ風土を育てる土壌があると言えるだろうか。やはり、そうした風土を育てないと若者の歩留まりは下がる一方となる。そこで、育てるために何をすればいいのか、それをいくつか列記するので、御社で使えるも

のは早速試して欲しい。

① ヒヤリングとワーク

若者の意見をオフィシャルで設けることである。制度として、30才未満のヒヤリング、若手だけのワークショップを毎年実施。魅力ある職場、チャレンジ風土をつくる職場と題して、聞く機会、話し合う機会を設けてみてはどうか。どちらも会社を若くするヒントがもらえるだけでなく、若手の生き生き感を見ることに繋がる。

② 伸ばすトーク風土

人を成長させる最大のトークアクションは、褒めること、認めること、受け入れることである。しかし、社員一人一人が、どんなトーク、どんな関わり方をすれば、人は成長するのか。つまり普段の会話で、その人の成長に繋がるキーワードとは何か、やはり「提案を、チャレンジを、肯定するトーク」である。どんな小さな肯定でもいい、細やかな肯定でもいい。それが、相手を伸ばすトークであれば、それでいいのだ。「そこにもっと力を入れてみてはどうか」「簡単ではないけどまずやってみたらどう」である。それが当たり前の職場になれば、風土になることももう遠くない。

③ ネクストアクション

新入社員も一通りできるようになると先輩、上司はそれほどその新入社員と関わらなくなる。正確に言うと「あとは自分でやって」「分からないことは聞いて」「教えることは教えたのでもう教えることはない」ということだ。これでは若者が仕事の面白みを感じ、ここで長く働きたい気持ちになるだろうか。やはり大切なのは、いつも課題を与えることである。「次はどんなことに挑戦したいのか」「まだこのことには問題があるから、そこを伸ばすにはどうすればいいのか」と次の挑戦課題を一緒になって考えるネクストアクションだ。

（2）夢を与えられる先輩に

　夢、それは若者が最もその会社に、職場に、仕事に求める光である。入社した頃は多かれ少なかれ、誰でもそれなりの夢をもって入ってくる。しかし、少し経つとそれが幻想であり、思い過ごしであり、過大評価であり、自分の浅はかさであると気づく人も少なくない。そして、暫くするとにべもなく退職する若者もいる。もちろんこうした思い違いで退職する人への定着率も考えなければならないが、ここでは、どんな若者にも夢をもつことの大切さを教えてあげて欲しい。そのためにはまずあなた自身に夢が、理想が、目標があるかを自問して欲しい。最低限、与える人には、自分にそれらがあることが条件である。

　それではどんな夢を与えたらいいのか。対象物はいろいろある。それはその人そのものでいい。よくあるのは、仕事への夢、資格への夢、専門性への夢である。しかし、これまで各管理者、監督者、中堅社員への教育をしてきて、そうした夢だけでなく、もっとその人に「似合う夢」「人を大切にする夢」「教え方が上手な夢」「人間関係をうまくする夢」「話上手より聞き上手になる夢」等でもいいのではないか。将来、その若者が、人に成長させる動機付けができる人になれば、これほどその企業にとって大切な社員もない。

（3）心のこもったフォロー

　職場のデジタル化によって、人と人の関係を結びつける多くのでき事がメールに変わりつつある。以前、社労士会の労使トラブルであっせん委員長として労使の話を聞かせてもらった時、僅か4人しかいない社員と社長が、前後に座っていながら、メールでやり取りするまでの関係になってしまったことを聞いて、まさにこのことが、

労使関係を悪化させている状況になっていることを知らされた。便利だからなのか、顔も見たくないからなのか、理由はともかくメールでことを済まそうとする関係にまで行かないことが、労使協調であり、信頼関係なのである。では何故、このようなことになってしまうのか。

　一言で言えば、心のこもったフォローがないことである。「心のこもった」とはどんなことなのか。決して難しいことではない。その若者の、新人のために、あなたの気持ちを添えることである。今度入った新人、分からなくても聞かない、終わっても突っ立っているだけ、向上心がない、報告もない、礼儀作法もなってない、素直じゃない、こんなことを直ぐ口にする先輩、上司に対して、あなたは日頃、そんな新人に、若者に、どんな気持ちでフォローしましたか、と聞きたい。

① 「何が分からないか、僕に一度書いて教えてくれる？」と、きちんと教えたいこちらの気持ちを伝える。

② 「僕の若いときも聞きにくい先輩もいたけれど、こんな聞き方をしてみたら？『先日聞いたことがよく分からないので、申し訳ないですが、もう一度、僕レベルで教えてもらえませんか』と」と、こちらから聞くポイントを細かく教える。

③ 　報告は、仕事が終わった時、トラブルがあった時、予定より遅れる時、戸惑った時、やり方を変える時等、メモに書いて渡すとあなたの気持ちと本人の受け止めがミスマッチせず、あなたの心のこもった気持ちが明確に伝わる。

④ 　どんなことを覚えたいか、どんなことを伸ばしたいか、どこがまだ不足しているのか、具体的にこちらから聞いてあげれば、向上心やモチベーションアップにも繋がる。

⑤　礼儀作法、素直さは職場で働く人たちが気持ちよくやる上で大切なことだと伝えながら、自分自身も率先垂範すると、よりあなたの気持ちが伝わる。

　こうしたことをあなたが、早速実践してもらえれば、きっと今以上の定着率向上、若者を呼び込める職場になることも期待大である。

（中堅社員の戦力）

第12条　売上、利益、生産性向上を実践部隊で数値化できるのが、中堅社員である

1 中堅社員の役割

（1）中堅社員とは

　「中堅社員」の分類について、企業によって様々な定義や仕訳をしているが、一般的には、入社3年以上で、監督職（主任、班長、係長等）、管理職（課長、次長、部長等）前の立場にある者を言う。3年未満の若手社員と比較して決定的に違うのが、教えられる側の立場から、教える側の立場に回り、企業の実践部隊の中枢的、中心的存在を示す地位となることである。まだ頼りない立場であった者が一転頼られる人物となり、動き輝くステージに立つのである。企業になくてはならない人物への存在となって、時にはその企業の顔になることも珍しくない。

（2）檜舞台に立つ中堅社員

　従って、この第一線部隊に立つ中堅社員が退職するようなことになれば、企業の損失は計り知れない。管理者、監督者による管理能

力も、方針を示唆、部下と共有、牽引するスキルも重要であるが、やはり中堅社員の力量有無は、その企業の儲け、そのものに直結していることが少なくない。檜舞台での立役者である。既述した若手社員の定着率もさることながら、中堅社員の定着率向上は、まさに明日の企業の盛衰を占う直接的要因にもなりかねない。

　ではどのようにして、こうした中堅社員に光を当て、定着率向上策を実践していけばいいのか。「光る職場へ」の初めの一歩である。

（3）中堅社員の役割

　その前にまず、第一線で働く中堅社員にはどんな役割が求められるのか、そのことを考えてみたい。企業ごとに、その役割は、仕事内容、陣容、その人の能力の有無、経営者の思いや信頼度等から一概には言えないが、一般的な役割は以下のようになる。

①　担当業務の確実な遂行

　これは、中堅社員自身が担当しているプレーゾーンでの確実な業務遂行である。又これこそが中堅社員たる所以である。おおよそ、作業業務に求められる要件は2つである。

　　イ）スピード感ある業務遂行
　　ロ）品質確保、正確性の高い業務遂行

②　上司の補佐、代理

　補助ではない、補佐なのである。どう違うのか、責任の重さの違いである。補佐のした言動は、もちろん上司の責任となるが、中堅社員自身の責任でもある。それだけにこのことを確実に遂行するため、「上司ならこの場面でどう行動するのか」そんなことを考えて行動しなければならない。上司の補佐を確実に行うには、日頃から上司とのコミュニケーションを密に取り、方針、考えの共有を常に

図っておくことが大切である。

③　専門性の追求

　新人、若手社員のところで夢のある仕事の与え方を解説させていただいたが、中堅社員となると更に夢から現実へのステージが用意されなければならない。夢を実現するための努力である。ではどんなことが、専門性の追求となるのか。

　　イ）新たな資格への挑戦
　　ロ）より高度な作業への挑戦
　　ハ）企画、開発への挑戦
　　ニ）徹底した改善と基準化
　　ホ）高度な問題解決への挑戦
　　ヘ）現技術力の高みへの挑戦

④　仕事の改善と基準化

「改善と基準はあざなえる縄のごとし」という言葉がある。改善にはどこの企業も力を入れるが、改善結果の良かったものを維持、継続するためにそれほど労力を向けないせいか、その場限りの改善になっていることが多い。そこで、是非中堅社員の方にしてもらいたいのが、改善と基準はセット、車の両輪であることを認識、徹底することだ。改善には具体的には以下のようなものが求められる。

　　イ）身近な改善、手の届く改善、自分だけでできるような仕事の
　　　　やり方、方法の改善のような小さな改善
　　ロ）体制、組織、会社方針や部門方針、仕組み、制度、規則等を
　　　　変えるような大きな改善もあるが、どちらも積極的に関わるだ
　　　　けでなく、セットで基準化も進めて欲しい

⑤　後輩の指導、育成

　勤続３年以上となると後輩のいる中堅社員もいる。その後輩、ど

のように指導し育てるのか、若手社員の定着率に繋がるだけでなく、若手社員の行方、夢のある職場にすることができるか否か、成長速度が速いか遅いか、更には若手社員の定着率にも大きな影響を与える。まさに生殺与奪の権を持っていると言ってもいいのが、中堅社員である。従って、その育て方は、というより「育て心」は極めて重要なことである。そこで、その「育て心」の一端を披露するので、できそうなら是非挑戦して欲しい。

イ）ステージを大切にすることである。これは、1年生は1年生、2年生は2年生の評価を認めながら教えること。

例えば「まだ問題もあるが、2年生らしくなったなぁ」と。

ロ）大きな出来事、アキレス腱は元より、より小さな出来事、欠点・短所にも目を向け、丁寧に指導すること。

例えば「大きくは問題ないが、右手の使い方を、もう少し下にした方がいいのでは」。

ハ）一部肯定、一部否定を心がけること。仮に後輩の行動全てにおいて問題があったとしても、できる限りその行為の中から特筆、肯定することがあれば、そこは必ず頭でなく末尾に付加すること。

例えば、「他のことを考えていてミスしたのか。その仕事をする時は絶対集中していないとだめじゃないか、でも正直にそのことを言ってくれたのは嬉しい」。

こうして中堅社員に与えられる役割、問題で重要なのはそれが実際に遂行されているか、である。そこで、次にそうした役割を確実に遂行していくために、どのような能力が求められるのか、そしてその能力をどのようにして伸ばすことができるのか考えたい。

② 求められる能力

　中堅社員が役割を遂行する上で求められる能力とは何か。ここでは、これまで多くの企業で多くの中堅社員に研修の実施、悩み相談等に乗らせていただいたり、ヒヤリング、カウンセリング、コーチングを通して感じた経験から滲み出る必要能力、求められる能力を紹介したい。

(1) まず技術力 No.1 を！

　何と言っても中堅社員は、現場第一線の中枢部隊である。担当業務を遂行する上で最も実践的な実力発揮部隊である。それだけにどこの企業も中堅社員にまず技術力の高さを、深さを期待する。既述したように、まさに企業の「儲けどころ」である。この人たちの1日の生産高が、売上高が、生産性が、品質の良さが、利益の分水嶺になることは自明の理である。技術力とは、担当業務を「迅速に処理する能力」と「ミス、トラブルなく正確にできる能力」である。

　そしてその能力を少しでも高め、誰もが企業の No.1 を目指せば、自ずと企業収益は豊かになるはずである。

(2) コミュニケーション力

　後輩ができて、先輩、上司がいて、コミュニケーションの取り方、あり方が関係者に大きな影響力を持つことがある。又あらゆる仕入れ先、お得意先との交渉、値決め、トラブル解決にあたるのも中堅社員であることが多い。そこで、求められるのがコミュニケーション力である。一言で言えば、上手な話し方、聞き方ができるか否かである。この差が、結果的には、その職場を光輝くものにするのか、

陰湿な暗い職場へと導いてしまうのか、という程の力を持っていると言っても過言ではない。事実、そのコミュニケーションで、後輩がやる気になったり、先輩、上司から不信を買ったりすることはいくらでもある。

(3) 柔軟性と対応力

　中堅社員の役割に、上司の補佐、専門性の追求、仕事の改善、基準作りがあることは既に述べたが、このことを遂行するのに、果たしてどのような能力が求められるのか。まずは柔軟性である。偏見や拘り、決めつけや固定観念からの離脱である。上司補佐の場面でも、専門性を追求する場面でも、更に改善、基準化を進める上でも、求められるのは、柔軟で型に嵌らない姿勢、能力ではなかろうか。

　次に対応力である。この力は、柔軟な姿勢を基礎として、その場、その場における適正な決断、判断を始め、あらゆる場面での決定力に繋がる能力のことを言う。その状況における的確で適正な素早い対応力、大きなトラブルに繋がらない大切なスキルである。

(4) 創造力、企画力

　これまで多くの企業で、改善活動、小集団活動、QC活動（資料11）等を指導させていただいたが、決まってここでのリーダー、中堅社員が多い。それは、
　① 管理、監督者では意見が活発に出ないこと
　② 自分たちで決めることで決断力アップを意図すること
　③ チームワーク力の向上を期待していること
　④ 主体性の涵養を促すこと
等からである。というより中堅社員は、現場の作業内容を最もよく

知っていることから、今の仕事に問題意識、改善意識をもって実践するのに最も相応しいからである。

（5）基本的指導力、育成力

　後輩指導で一番多いのは、新人担当係である。入社間もない人を教えるのは、簡単のようで簡単ではない。若手社員を呼び込める職場環境のところでも述べたが、若手社員をどのように指導するのか、つまり指導方法は、その社員の将来や定着率にも極めて大きな影響力を与えることがよくある。そこでどんなことをすれば指導、育成効果が上がるか考えてみたい。

① 話しやすい自分作り
② 細かい箇所が見られる
③ とにかく声かけの徹底
④ 責任の重みを教える
⑤ 小さな役割委任を進める
⑥ プライベートにも関心を持つ
⑦ 欠点短所より長所を伸ばす
⑧ プラス思考の大切さ

　こうしたことを参考に中堅社員であるあなたも、あなたも、今の後輩指導に活用してもらえるとありがたい。

資料11　QC活動資料

1．QCとは
'Quality Control' クオリティコントロール　⇒『品質管理』
　買い手の要求にあった品質の商品、又はサービスを経済的に作り出すための手段の体系。品質管理を略してQCという。

2．QC活動の目的
（1）主体性の涵養
（2）チームワーク
（3）業績の貢献

3．QC活動の実践
（1）なぜ今職場にＱＣ活動（ＱＣ的手法）が必要なのか
　①　レビンの法則
　　　　$B = f(P, E)$
　②　「問題意識」と「問題」の違い
　③　大切な３つの意識
　　　　ⅰ）現状打破
　　　　ⅱ）達成意欲
　　　　ⅲ）効率意識

（2）ＱＣストーリーとは
　①　問題の抽出
　②　問題の決定（テーマの決定とテーマを決定する上での注意事項）
　　　１．実効性　２．可能性　３．継続性
　③　現状把握
　　　　事実をよく知る
　④　目標設定
　　　　具体的に表現　数値化する
　⑤　要因解析
　　　　原因　背景　理由
　　　　特性要因図—原因の決定（核心的原因）
　⑥　対策の立案（アクションプランの作成）
　⑦　対策の実行
　⑧　効果の確認（効果測定）
　⑨　標準化・システム化（歯止め）
　⑩　反省・まとめ
　⑪　発表

（3）ＱＣ技法とは
　①　ＫＪ法とＢＳ法の活用
　②　グラフ
　③　特性要因図

　　④　パレート図
　　⑤　チェックシート
　　⑥　散布図（プロット図）
　　⑦　管理図
　　⑧　ヒストグラム

（4）QC活動を効果的に進めるための注意事項
　　①　1課題1意見の原則
　　②　積極的傾聴
　　③　具体的質問話法と指名・リレー質問の活用
　　④　アドバイザーの関わり方（役職者）
　　⑤　リーダーシップとメンバーシップ
　　⑥　時間の厳守

（5）発表までの手順
　　①　グループ名とリーダー、及び各自の役割
　　②　原則（2）のストーリーの手順で行う

（6）実践

（7）発表、及び公表

（出典：自社作成資料）

3　そうした能力、どのように育て高めれば良いのか

　中堅社員の役割、その役割を遂行するための能力を解説させていただいたが、肝心なのは、その能力を高め、実際に仕事場で活用されることである。大きな成果物とならなければ画竜点睛を欠くことになる。それではどうすれば、こうした能力を引き上げることができるのか。これまで問題社員の育て方で、その育成法をいくつか紹介させていただいたが、ここでは中堅社員にスポットを当てて考えてみたい。

（1）技術力No.1育成法

　担当している仕事の技術力を如何に伸ばすか、高めるか。ヒントは教える側、つまり管理、監督者にあるのではなく、中堅社員自身の中にある、と言っていい。従って管理、監督者は、目標や課題を正しく与えるだけでいい。無論、その担当業務に習熟していない場合は、それなりのknow how指導は大切になるが、やはりここは本人に自覚を促す、know why（98ページ参照）指導が一番。「何故No.1か、技術力を高める必要があるのか」ここを指導するだけでいい。あとは、スピードと品質への目標を本人に立てさせ、時折面談して、成長する度に「褒める、褒める、褒める」ことである。

（2）コミュニケーション力育成法

　管理者、監督者教育をさせていただく時によく聞くことがある。「あなたはマネージャー向きですか、それともプレーヤー向きですか」。大半は、プレーヤーと答える。その理由を聞くと、こちらもほぼ決まったように「教え方が下手、苦手だから」である。拙著『中小企業を伸ばす社員育成の極意』にも書かせてもらったが、下手、苦手な実例は数えきれないほど見てきた。どうして会社は、役員は、人事担当者は、そこにもっと目を向けないのか、不思議にさえ思ったこともある。しかし、これを中堅社員のうちに身に付けておけば、もう下手、苦手という回答は、俄然少なくなるのではないだろうか。

　それではどのようにしてコミュニケーション力を高めることができるのか。

① 　たくさん体験を積ませる

　若手社員、新入社員の育成担当者として、少しでも多くの体験を積ませることである。そして、積むだけではいけないので、必ず振

り返りを上司と一緒にすることである。育成法の良いところ、改善した方が良いところを話し合うことである。そうすることで、少しでも早いうちに積ませた体験が効を奏し、将来、管理監督者に昇進した時、きっと下手、苦手と回答する人が少なくなることを期待したい。

② 階層別研修実施

　大企業の大半は階層別研修を実施しているが、中小企業ではまだまだ階層別、とりわけ中堅社員研修（コミュニケーションスキルアップ科目が入っている）となるとほぼ皆無に近い。研修も集合で、Off-JT仕立てでする場合と、きめ細かく個別コーチングのように、OJT仕立てでするところもある。

　まずは、集合研修、そして個別コーチングをお勧めする。一番は社内インストラクターを養成することだが、できない場合は時間と経費面の負担こそあるものの、しっかり外部研修を受けてみるのも手だ。研修の内容が良ければ、あとは社内でやってみるのもいい。

③ マニュアル作成

　誰もがどこでも同じように対応できるようマニュアル作成は外せない。人を教える場合、得意先とトラブルになった場合、何度話しても理解してもらえない場合、ミスが多い場合、人に、とりわけ若手社員のやる気を引き出す場合等、マニュアルがあれば拗れないことは多々ある。

　マニュアルをどのように作るのかは、それほど難しく考えなくていい。要はあなたの職場で、比較的コミュニケーション力の高い人を複数人選任し、その人が指導する時のコミュニケーションを参考にして作ればいい。又研修を受講した時の資料でもいいし、「気持ち良く仕事するための基本的コミュニケーション」と題し社員から

応募するのもいい。委員会を設け、そこでマニュアルを作成するのもいい。とにかく多くの人が、コミュニケーションの正しいあり方、使い方に悩んでいる。このマニュアルで解決の糸口となるようにしてはどうか。

（3）柔軟性を持たせるには

　簡単ではないのが柔軟性。性格的なことに起因している場合が多く一筋縄ではいかない。しかし、ここを正さなければ、折角積み上げた中堅社員の能力も元の木阿弥。柔らかい思考力、状況判断力は、中堅社員が成長していくのに絶対欠かせない。つまりあらゆる経験を積むとき、それが通り一遍の受け取りか、又偏見にまみれた判断か、それともかなりその状況に応じた柔軟な対応か、によって人の成長は著しく開いていく。

　それではどう体得させるのか。ある程度権限を委任して、その仕事に責任を持たせ、その結果報告を受けるとき、「その方法だけでなくもっと別の方法は考えられないのか」「最初から決めつけるのでなく、広い視野で考え提案してくれないか」と言うように、先輩、上司が、中堅社員への仕事の与え方を「柔軟性強化目標」と捉えてもらうことである。広く、深く、高く、柔軟な視野で物事を見られることへの配慮である。このことが、中堅社員の成長動機の大きな要因になっていることを何度も見せつけられた。

（4）問題意識を持つこと

　中堅社員の役割である専門性の追求、仕事の改善と基準を進めるには、創造力、企画力は避けて通れない極めて大切なスキルとして求められる。それをどのように高め、向上させていくのか。

まずは小さなことから始めてみよう。どんなことにも問題意識を持てるようになることだ。これまでにも問題と問題意識の違いは述べてきたが、やはり少しでも今の問題状況を理想状況に引き上げる意識、つまり問題意識を持つことである。その事だけならそれほど困難なことではない。

　要は、いつも理想の状況を頭に置きながら「もっと早く良い物を作るには」「どこをどう変えれば良くなるのか」「不良率をもっと下げるには、0にするには」と、前向きに考えることである。後ろ向きで、諦め的、否定的、退廃的な発想でなく、どんなこともまず前向きに取り組む、実践する。これが創造力、企画力向上の原点である。中堅社員には、この前向きさを植え付けることが第一の関門であることを認識してもらえれば、きっと創造力、企画力アップに繋がること間違いない。

④ いよいよ檜舞台に…

　これまで中堅社員の役割、その役割を確実にこなすにはどのような能力が求められるのか、そのスキルアップの育て方を見てきた。ところが、折角育てた中堅社員、最近の働き方や雇用形態の多様化、又AIやDX化の波にのまれ、育ててもらった会社を容赦なく後にする中堅社員が少なくない。使う側も使われる側も、転職に対する価値観、考え方が大きく変わろうとしている。恥ずかしいとか、変わることによる人の目とか、受け入れ側の評価等である。転職に対する思いや感情が、今日ほど変わろうとしている時代は過去にあったであろうか。自分により相応しい仕事、時代を先取りした仕事、所得のより高い仕事、見た目やかっこ良さ、憧れるような仕事。そ

れはもうかつてのように時間をかけて技術を向上させていくような仕事でなくても、十分企業の求める人に中堅社員の意思と仕事がフィットすれば、転職に躊躇も拘りもないのである。

それだけに最近の傾向として、これまで以上に技術力のある人ほど、そこに留まらないで、世間体や周りを気にしない変わり身の早さを見せつけられる。ここまで育てたのは何だったのか、残念至極である。昔流に言えば、義理も恩もないのである。そこで、どうすればこうした人を止めることができるのか、つまりは中堅社員の定着率向上策とは何か、である。3つの側面から考えてみる。

（1）待遇面の改革、改善
① 評価に基づく合理的な賃金差を今以上に設ける
② 部門状況にもよるが、ジョブ型雇用（職務給）一部導入
③ インセンティブ、成果手当等の見直し、引き上げ
④ M型だけでなくS型の充実
⑤ 決算賞与の見直し、「私の金メダル」制度（146ページ）導入

（2）仕事の与え方の工夫
① 特殊技術習熟者には、最もその人に相応しい仕事を付与
② 事の決裁権、裁量権を大幅に与え、やり易さを容認
③ プロセスより結果重視
④ プロジェクトチームを含め、組織を見直し、誰もがその体制に挑戦できるような仕組み、ルールを作る
⑤ 上意下達型からチーム型に

(3) 会社方針の明確化

やはりここで大切なのは、会社方針の明確化である。(1)(2)で述べた向上策を始め、その他の定着率向上策を、会社の重要な人事方針の一つにすることである。そうすれば自ずと会社や職場に、大事な中堅社員を育て、逃がさない風土や環境が生まれ、誰もがその風土を受け入れ、転職に歯止めがかかることにもなる。またその会社で、職場で、中堅社員ならずとも、もっともっと働きたい気持ちになるのではないだろうか。

そしてこうしたことの他に、これまで再三述べてきた職場の豊かなコミュニケーション、ストローク環境の醸成に配慮すれば、いよいよ檜舞台、これからという中堅社員を逃がさないことになる。

(高齢社員の雇用)

  高齢者雇用、役割次第で力以下、
役割次第で力以上

 弊社の高齢者雇用

社労士創業46年、事務所で唯一自慢できることがある。それは、平均勤続年数17年程なことと高齢者雇用とその舞台での活用度が見事にリンクしていることである。要は、定年後の高齢者の誰もが生き生きしていることである。それは何故か。いくつか理由はあるが、やはり小生自身高齢者（77才）でありながら、まだ現役労務コンサルタントとして東奔西走していること、高齢者の誰もが夢を、理想を、目標を、挑戦心を持って、いつまでも老いない努力をしていること、そして、そんな高齢者を働きやすくしている職場環境、

経営方針も見逃せない。更に弊社では、早くから「他人家族」「心と体の健康づくり」をしていることも追い風になっている。

しかし、顧問先の高齢者状況を覗いてみると、必ずしもそうした舞台で「高齢者らしさ」を演じている人ばかりではない。宝の持ち腐れ的な使われ方で、本人も会社もそれを単に「高齢者だから」と一蹴され、本流にいた人が傍流になって脇役を演じていることに、何の唐突さや不思議さえ感じない様を見ることも少なくない。

これでいいのか、小生的には否である。無論、高齢者の中には、自他共にそれが、そのポジションでの役割が、相応しい、最適だという人が多いのも事実である。又高齢者雇用を政府が勧めていることもあって、高齢者で採用され、使ってもらえるだけでもありがたいと言う人も多いが、ここでは、これまでの経験を生かして、もっともっと働き甲斐、生き甲斐を追求しているにも関わらず、ただ「高齢者」という一括りの範疇に押し込められている人の活用法を中心に考えてみたい。

❷ 一工夫された高齢者雇用

弊社の顧問先における定年を過ぎた高齢者雇用の実態は、大きく次のように分類される。
（1）定年前と全く変わらない仕事内容、労働条件で継続して雇用されるケース
（2）定年前と仕事内容は変わらないが、賃金水準が10〜20％程引き下げられるケース
（3）定年後の仕事内容、労働条件は個別契約とし、各々に労働条件等も異なるケース

（4）定年後は、選択コースを任意に選択するケース
（5）役職も定年と同時に外され一般社員として取り扱われるが、労働条件はかなり人によって差があるケース

　そして、多くの企業の共通点をまとめてみると、
① 賞与、昇給なしか、かなり引き下げられる
② 退職金は定年で支払い済み
③ 1年ごとの契約社員
④ 仕事内容は同じか、それほど変わらない
⑤ 60才定年だと多くは65才まで再雇用となるが、大抵の企業は上限なし
⑥ 福利厚生的なことはそれほど差別的取り扱いをしない
⑦ 給与の削減率は、管理者も一般社員もそれほど変わらない

　これが高齢者雇用の概要実態である。しかし、こうした実態の中で、企業なりに独自に工夫して、高齢者を「光る職場へ」導いている企業も少なくない。どんな工夫をしているのか、そのいくつかを紹介させていただく。

（ケース1）
　一言で言えば、「定年制はあるが、定年制はなし」である。いつまでも本人が働きたければ働ける職場。しかも、それほど雇用形態に縛られず、フルタイマーでもパートタイマーでもいい。そして仕事内容に応じて、労働条件も変えることから高齢者にとってはユートピアな職場である。

（ケース2）
　高齢者にも短時間勤務制度の流用。育児休業法では、子供が3才

になるまで本人が希望すれば短縮された勤務時間分の賃金減額はいいが、抜本的な給与体系は変えないことと定めている。これを高齢者にも活用している企業がある。又それほど役割、責任の重み、労働時間が変わらない場合、労働条件において定年前とさほど変わらない処遇を受けることになる。

(ケース3)
　定年後5年間と、その後の働き方をかなり変えて各々の力量、判断に任せている企業がある。定年後5年間は、定年前とさほど変わらないが、定年後5年より先の働き方は、かなり自由な働き方を採用しているのである。労働時間に縛りがなく、申し出によってその時間は働いてもらい、そこでの働き方も本人に大幅な裁量権を与え、伸び伸びと仕事をすることができる。但し、成果を求めるので、多少のプレッシャーは致し方ない。

(ケース4)
　資格の有無によって、業績への連動が著しいことから、定年後、仕事内容もさることながら、殆ど労働条件において差別しない企業がある。そしてその後の就業も本人が希望すれば期間なしの契約ができる。年齢に関係なく、その資格がユーザーとの関係で大きな影響を与えるからである。それだけにこの企業、多くの人が資格への挑戦を試みるという副次効果も生んでいる。
　ただ、資格優先の風潮は免れず、どうしても資格を取得できない人やその資格を活用できない職場にいる人から、不満の声が聞こえてこないわけではない。

(ケース5)
　60才以上の社員が8割を占める企業で、評価内容に工夫を凝らし、年齢の差別なく誰もが業務を誠実に履行すれば、昇給も賞与も定年前の社員と全く差別しない企業がある。従って、年齢とは無関係に働き甲斐を感じ、モチベーションの高い職場となっている。

　このように高齢者活用に一工夫している企業では、職場における存在感の重みを誰もが感ずるだけでなく、自分達の将来の道標となり定着率向上に一役買っている企業もある。年金の引き上げ、平均寿命の伸長、長く働きたい高齢者の増加、更には政府の高齢者対策をとっても、今後の高齢者雇用のあり方に一筋の光明を見出せる企業ほど、大きな企業利益を生むことは確かなものになりつつある。

③ データから読み取るわが社の高齢者活用

　顧問先データによる高齢者雇用のあり方を説明させていただいたが、まだそれほど工夫された企業ばかりではない。それどころか、職場のIT化の進展が早く、中にはそれに追い付いていけない高齢者が多いのも事実である。かなり限られた仕事限定で雇用され、これまでの尊い経験を生かした取り組みが為されぬまま、モチベーションダウンに繋がっている企業も少なくない。しかし、既述のように経験に相応しい職務を携行し、定年後の高齢者が生き生きと、やり甲斐、働き甲斐を感じて企業に貢献しているケースもある。
　それではどうすれば、こうした働き甲斐を感ずる高齢者雇用を我が社に当てはめることができるのか、行政機関等のデータ（資料12、13）を紹介しながら考えてみたい。

① 高齢者雇用の現状
② もっと働きたい高齢者意思
③ それを受けた行政施策
④ 高齢者の仕事内容

資料12　65歳以上人口及び割合の推移

年次	総人口（万人）	65歳以上	うち70歳以上	うち75歳以上	うち80歳以上	65歳以上	うち70歳以上	うち75歳以上	うち80歳以上
						総人口に占める割合（％）			
1950年	8320	411	234	106	37	4.9	2.8	1.3	0.4
1955	8928	475	278	139	51	5.3	3.1	1.6	0.6
1960	9342	535	319	163	67	5.7	3.4	1.7	0.7
1965	9827	618	362	187	78	6.3	3.7	1.9	0.8
1970	10372	733	435	221	95	7.1	4.2	2.1	0.9
1975	11194	887	542	284	120	7.9	4.8	2.5	1.1
1980	11706	1065	669	366	162	9.1	5.7	3.1	1.4
1985	12105	1247	828	471	222	10.3	6.8	3.9	1.8
1990	12361	1493	981	599	296	12.1	7.9	4.8	2.4
1995	12557	1828	1187	718	388	14.6	9.5	5.7	3.1
2000	12693	2204	1492	901	486	17.4	11.8	7.1	3.8
2005	12777	2576	1830	1164	636	20.2	14.3	9.1	5.0
2010	12806	2948	2121	1419	820	23.0	16.6	11.1	6.4
2015	12709	3387	2411	1632	997	26.6	19.0	12.8	7.8
2020	12615	3603	2779	1860	1154	28.6	22.0	14.7	9.1
2023	12435	3623	2889	2005	1259	29.1	23.2	16.1	10.1
2024	12376	3625	2898	2076	1290	29.3	23.4	16.8	10.4
2025	12326	3653	2934	2155	1313	29.6	23.8	17.5	10.6
2030	12012	3696	2944	2261	1544	30.8	24.5	18.8	12.9
2035	11664	3773	2955	2238	1607	32.3	25.3	19.2	13.8
2040	11284	3928	3009	2227	1562	34.8	26.7	19.7	13.8
2045	10880	3945	3157	2277	1548	36.3	29.0	20.9	14.2

（出典：総務省統計局　統計からみた我が国の高齢者　令和6年9月15日）

資料13 　65歳以上の就業者数及び就業率の推移

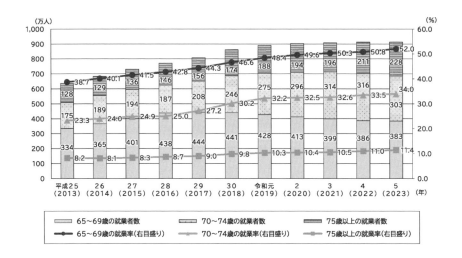

（出典：内閣府　令和6年版高齢社会白書）

 約1,000万人もの就労者

　2024年の敬老の日、総務省の発表によると65才以上の人口は3,625万人で、うち4人に1人の914万人が就労者だった。俄に「高齢者」の定義を巡って議論が活発になってきた。70才以上、75才以上でいいのでは。とにかく年度ごとに高齢者も高齢労働者も急増している。

　一方、元気に働く高齢者が多くなる中、労災事故も多発している。

　高齢女性の場合、「転倒による骨折等」は20代女性の15倍にもなる。そのため、現場での適正な労務管理が強く求められている。又、こうして急増する高齢者を狙った産業は、今まさにうなぎ登り。

医療、医薬品産業、介護産業、生活産業等においては、その範囲、規模、マーケットは限りなく大きく、100兆円以上にものぼると言われている。こうした産業、高齢者を狙った産業とはいえ、そこで働く高齢者も決して少なくない。もうかつての高齢者 ＝ 弱い、第二の人生、余生、切り捨ての一番手等のイメージが一掃されようとしている。就労現場も、もうあらゆることが「似て非なるもの」になりつつある。高齢者とはいうものの、「弱い → 強い、若い、若々しい」「第二の人生→ 第一の人生」「余生 → これからの自分らしさ、働き甲斐」という人が日に日に増えている。次に、これからの高齢者をどのように雇用すればいいのか、その視点に立って生き生き高齢者を演出したい。

高齢者であっても若返る高齢者、若々しい高齢者

5 光る職場へご案内

(1) 第一の人生

　高齢者の中には、同じ企業で長く働いてきた高齢者もいれば、高齢者として新たにその企業の戦力として入社された人もいる。顧問先の中でこんな話をよく聞いた。「初めて生き甲斐を見つけました」「これこそ僕の求めていた職場です」「これまでやってきたことと違うけど、経験を生かせて仲間に喜んでもらってます」もう第二の人生じゃない。まさにこれからスタートという感じだ。それではどのようにして高齢者の方が、「第一の人生」を見つけることができるのか、こんな提案をしたい。

　1つ目は、「自分自身の考え」である。どんな仕事でもその仕事をどう考えるのか、基本的には上司の指示によって仕事をすることになるが、その仕事をどう考えるのか、である。

　それほど大した仕事をするわけでないから、元より雑用、半端仕事、軽作業等、誰でもできる仕事と決めつけ、自分自身の考えを否定的、消極的に受け止める人もいる。スタートから負け組、第二の人生を気楽に生きればいいと決めてしまっているので、充実感、楽しさ、自分らしさ、誇りを見つけられる仕事だと言う気になれない。しかし、難しくて誰からもすごいと言われる仕事だけが、素晴らしい仕事ではない。大事なのは、どんな仕事も与えられた仕事を前向きに考える姿勢である。第一か、第二か、まさに自分自身の考えにかかっている。

　2つ目は、「背丈に合う仕事を見つける」ことである。とにかくどんな仕事でも、雇ってもらえれば可、と言う人をよく見かける。

 もちろん、それも自由である。ただ、折角そこで働くなら相応しい仕事、好きになれそうな仕事、自分の背丈に合った仕事が一番。背丈の基準は何でもいい。経験を生かせること、やりたいこと、好きなこと、収入に見合っていること、労働時間が短いこと、家族の勧めがあること、とにかくその求められるスキルがクリアしていれば、おおよそ背丈の基準は満たしたことになる。そして、第一の人生をスタート、背丈から更に先を見て成長することを目標にするといい。高齢者になって背が伸びる人はいないが、スキルや向上心はその人次第で如何様にも伸びる。

 ３つ目は、「どんな時も働ける感謝」の気持ちを持つことである。
 もう小生も喜寿、完全に高齢者である。その小生が一番大切にしたいことは、働ける感謝、働ける喜びである。簡単なようで、そうでもない。この感謝は普通の感謝ではない。どんな時も、どんな場面でも、どんな痛みを感じても、どんな待遇を受けても、まず最初に感謝、終わりに感謝である。「ありがとうございます」「ありがとうございます」と言えることである。人はこの言葉にどれくらい温かさを、優しさを、エネルギーを、勇気を、安らぎを、尊さを感じただろうか。紛れもなくこの言葉は、人にも自分にも心の潤いを与えることになる。人はそのことをいつも少しでも多く、少しでもたくさんの人に、なんの外連味もなく素直に言えれば、もう生まれ変わった第一の人生、間違いなしである。第二の人生と思わないで、第一の人生と思うことで、限られた時を、限られた人生を、誰しも有意義に過ごすことができるのではないだろうか。

（2）デジタル化と人間性の尊重

　デジタル化の波が恐ろしいほどのスピードで進んでいる。デジタル化の先取りこそ企業の命運、盛衰、存亡を分けるのではないかと経営方針の柱として大きなうねりにしようとしている企業も少なくない。人が操るというのではなく、デジタルに操られているかのような錯覚に陥るほどである。そして今では我々もAIの恩典を受け、日々の便利さを感じない日はない。先日、日経新聞を読んでいて、AIという文字を数えてみたら、なんと見出しだけでも15もあった。便利さ、やり易さ、コストダウン、長持ち、きれい、心地良さ、とにかくAIやデジタル化によって人は多くの暮らし易さを享受している。しかし、その現場では、時代の波に振り落とされた人の問題をあちこちで散見する。「高齢者切り」という悲しい相談も、まだまだ数こそ少ないが受けることもある。このことだけを取れば、最早、職場によっては、上意下達でなく「下意上達」の職場もある。

　システムやマニュアル文化を、高齢者ならずとも端から忌み嫌う人もいる。やり方さえ覚えれば誰でもできる仕事に抵抗を感じ、疑問を抱えながら業務を遂行している人もいる。長いこと時間をかけて身に付けてきた技術、それが一瞬にしてやれてしまうデジタル化。そして多くの現場で、今、これまでの組織構造に問題提起しようとしている企業も増えつつある。ジョブ型雇用もその一つである。指揮系統がなく、連携やチームワークもそれほど求められず、仕事に課せられたノルマだけをこなす職場。やがてはそんな職場も増えていくのだろうが、まだまだ実態はそうではない。

　資料14にもあるように、日に日に増加傾向にある高齢者雇用。やはり、このゾーンを如何に力強く乗り切るのか、その方法が現実的で、企業経営の分水嶺になると言っても過言ではない。

ではどのようにして高齢者活用を今以上に力強くしていけばいいのか。一言で言えば、「人間性の尊重」に他ならない。

職場における人間性の尊重とは何か。人には持ち味がある。得手・不得手を始め、経験の有無、部門の違い、ものの考え方や世界観、人生観、更には特性や性格等があり、人間性とは、その人の全人格のことである。そしてその人格を尊重する社風こそ、人間性を尊重する企業と言える。だから、デジタルのように使えるか使えないか、間に合うか間に合わないか、もっと極論すれば必要か、必要でないか、ではないのである。使えないような人も使えるようにするには、必要でないような人も必要とするには、そこである。もうお分かりだと思うが、人格尊重型の企業には、右か左か、上か下かで割り切る文化、風土はなく、如何にして今あなたの職場にいる若手も、中堅も、管理者も、そして高齢者も企業の戦力として使えるようにするかである。

それではどうすれば人間性を尊重する企業に、職場にすることができるのか。まずは高齢者の棚卸しからするといい。何が得意で、何が不得手か、今の仕事で何が最も向いているのか、どの仕事とどの仕事を加えれば仕事量的には適正か、これまでの経験を生かして後進指導の適否はどうか。本人意思も考慮しながら、そして高齢者の待遇面からも、最も相応しい仕事を付与することが、人間性を尊重した活用ということになる。

そして高齢者活用を最も象徴的にすることがある。それはそこが安住か、でないかである。気持ち良く働ける職場環境の有無である。これがないと、やはり力量、ノウハウ量、間に合うか、でないかだけで篩にかけられ、人によっては存在感を限りなく無にされてしまうことになる。テクニカルスキルへの期待ではなく、これまでの人

生、職場経験を生かした、コンセプチュアルスキル、ヒューマンスキル（82ページ参照）への信頼、期待ではないだろうか。

（3）「だから」でなく「だって」

　1,500社程ある顧問先の中で、高齢者（定年を過ぎた人）を雇用していない企業は無い程、今まさに高齢者雇用花盛りである。企業によっては、高齢者主役のところも決して少なくない。いなければ成り立たないというか、仕事そのものが高齢者向きなのである。当然と言えば当然なことだが、やはり主役か、脇役か、それだけで高齢者の主体性、積極性、やる気度はかなり違う。案外、ここに高齢者雇用の上手な企業と、そうでない企業の分岐点があるようだ。つまり如何に高齢者を主役にするのか、主役に引き立てて効果的に活用することができるのか、まさにそこである。主役とは何か。それは企業における中核的部門で、売上、利益確保の中心的存在にいる人だけを指すのではない。無論、そこでの役者は名実ともに主役、名役者になることもよくある話だ。

　しかし、ここで言う高齢者主役とは、むしろそうした看板役者的存在ではなく、仮に企業の中では脇役的業務であっても、それを主役に引き立てる工夫をすることである。換言すれば「脇役の主役」である。ではどうすればそうなるのか、主役として活躍することができるのか、考えてみたい。

　まずは基本的な考え方。これは短時間就労者のところで既述させていただいたが、やはり高齢者においても然りである。つまり、「高齢者だから」じゃなく「高齢者だって」の考え方を持つことである。

　よく高齢者から「老いては子に従え」「もうでしゃばる時ではない」「我慢してでも使ってもらえれば」の言葉を耳にすることがある。

心も姿も既に脇役公示である。大切なのは会社が何をしてくれるかではなく、まず自分に負けないこと、そして自分らしさを出すことにエネルギーを注ぐことだ。短時間就労者でも、契約社員でも、職種限定社員でも、どんな契約内容であっても、あなたが主役を張れないことはない。要は気の持ち方だけである。それでは、与えられた仕事を主役にするには、どうすればいいのか。「主役意識」を持つことである。自分はヒーローである。そしてヒーロー最大の資格要件は、「その仕事に使命感」を持つことである。

資料14　高年齢常用労働者の状況

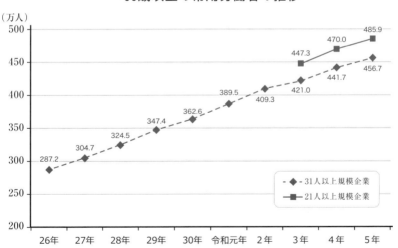

60歳以上の常用労働者の推移

（出典：厚生労働省　令和5年「高年齢者雇用状況等報告」）

（セルフコントロール）

第14条 全ての局面で自制心が働く集団は揺るぎない信頼を得る

 セルフコントロール

　人は日々の業務を遂行する上で、毎日のように様々な誘惑や衝動にかられ、良からぬ方向に思考したり行動したりすることがある。人の悪口を隣の人が話している時、それほどその人のことを悪く思ってなくても「そうそう、私もそう思う」と周りの雰囲気に同調したり、相槌をうつことがある。又研修会場で講師の話を聞いている時、上司から声をかけられ、話せば周りの迷惑になることが分かっていても「そうじゃないです、それでいいです」と応答、挙げ句の果てには周りから「静かにしろ」と注意される場面も、よく見かけることがある。こうした時、周りの誘惑に負けないで、自制心を持って、同調せず、声をかけられても応じないようなことをセルフコントロールと言う。

　アメリカの心理学者、ゴットフレッドソンやハーシーが唱えた説ではあるが、極めて日本的な文化、習慣、伝統を含んだ対応だけに、多くの企業では、この考えを「自己統制」「耐性の涵養」等と置き換えてそれほど無理なく人材育成の一つに用いているところも少なくない。この考え、単に抑制、自制、統制と、どちらかと言えばある現象を抑える、無視する、関わらないといった思考や行動を指すのだが、こんな風に利用するのもセルフコントロールである。

　ある会議で、司会から「何かありませんか。どんなことでもいい

ので質問してください」と言われ、シーンとした時間が流れていく。しかし、参加者や会場の雰囲気に飲まれず「ハイ、ハイ」と挙手、思い切って意見を述べるのもセルフコントロールである。

今の職場をどうすれば「光る職場へ」導くことができるのか、ここまでいくつかの側面、角度から考え、方針、手法、対策等を提案してきたが、ここでは周囲の環境、誘惑に流されないで、如何にして「自分発」ができるのか、次の局面を想定しながら考えてみたい。

②「人間は環境の動物である」

「人間は環境の動物である」とよく言われる。7割環境、大半環境、9割以上環境と、人によって割合は違うが、人の考え、生活パターン、潤いややり甲斐、場合によっては、その人の人生観にまで影響を与えると言われる。少し小学校のいじめを例（資料15）に取って考えてみよう。いじめとは、強い立場の者が、弱い立場の者に、精神的、肉体的攻撃をし、苦痛を与えることを言う。パワハラ防止法に言う定義に酷似している。文科省や各学校で、いじめを見たり受けたりした場合の指針が出ているが、まずは放置しない、届け出る、相談する、そしてその状況を調査して、何らかの学校方針を出すことが対策となる。秘密裏に行われることもあるが、やはり様々な事情を配慮し、必ずしも公開を是としないで、時には本人のプライバシー、人間性尊重理念から内々で進める場合もあるようだ。小学校の児童に、いきなりセルフコントロールの話をしても難しいことから、やはり先生指導、親指導ということになる。しかし、これをあなたの会社、職場で考えてみるとどうなるのか。

（１）良好な人間関係の基本

「見て見ぬふり」。やはり人間関係悪化の原因にこのことがよくある。あの人の悪口、この人の悪口、あちこちでこんな現状、日常茶飯事である。時には、悪口を言うことで、話している人たちのストレス解消に繋がることさえある。職場の人間関係悪化の原因には、おおよそ３つある。その３つに共通するのは「欲求不満」である。

① 仕事能力が極めて低い

これは先輩、上司がいくら教えても伸びない、直らない、改まらないとなると、いつかは「切れる」。それが悪化の始まりとなる。

② 考え方、価値観、方針、性格の不一致

先輩、上司の考え方が理解できず、部下が反対意見を言う。それを言い訳しないで、素直に人の話を聞くべきだと「決めつける」。すると少しずつ悪化が始まる。

③ コミュニケーション不足、伝え方が不味い

これが人間関係悪化の原因のNo.1ではないだろうか。例えば先輩、上司への口の聞き方が悪い、敬語を知らない、ホウレンソウがない、挨拶・返事ができない等、ここから始まって結局は口もきかない、挨拶もしない、そしてついには「断絶」となる。

さぁ、そこで、あなたはこんな場面に当事者として、又他人の出来事として遭遇した時、どんなことを考え行動するのか。

「切れる」「決めつける」「断絶」を考えてみよう。要はその人の言動の終着駅である。これ以上やれない、やる意味ない、関わりたくない、「全て終わり」である。そして、やがて個人的なことが職

場環境に拡大し、Aさんはダメ、仕方ない、教える意味ない、価値ない、が誰の目にも映り、大きなエネルギーとなってその人に襲いかかる。もうこうなると、その環境に逆らって過ごすことが難しくなる。本人だけが人知れぬ苦痛のどん底に落ちるのである。

　そこで力を発揮するのが自己統制、セルフコントロールである。

・切れないで → もう少し違う方法を考えてみよう
・決めつけないで → 人の話を受け入れる柔軟性への挑戦
・断絶しないで → 教え方に問題ないか、相手に合わせてやってみようか

　このように絡まりかかった人間関係をほぐすのが、セルフコントロールである。雰囲気や環境に流されないで、しっかりとしたあなた自身の意思表示をすることである。長いものに巻かれるのではなく、寄らば大樹の陰でもない、これではいけないという自制心こそ、自己統制こそ、磨いて行動すれば、その職場の良好な人間関係作りに大きく貢献すること間違いなしである。

資料15 いじめの認知件数について

　小・中・高等学校及び特別支援学校におけるいじめの認知件数は517,163件（前年度612,496件）であり、前年度に比べ95,333件（15.6％）減少している。児童生徒1,000人当たりの認知件数は39.7件（前年度46.5件）である。
　認知件数は、全校種で減少している。

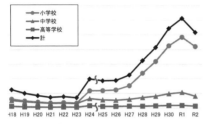

いじめの認知件数の推移

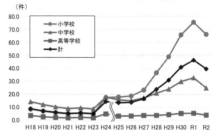

いじめの認知率の推移
（1,000人当たりの認知件数）

※ 平成25年度から高等学校通信制課程を調査対象に含めている。また、同年度からいじめの定義を変更している。

年度	H18	H19	H20	H21	H22	H23	H24	H25	H26	H27	H28	H29	H30	R元	R2
小学校	60,897	48,896	40,807	34,766	36,909	33,124	117,384	118,748	122,734	151,692	237,256	317,121	425,844	484,545	420,897
	8.5	6.9	5.7	4.9	5.3	4.8	17.4	17.8	18.6	23.2	36.5	49.1	66.0	75.8	66.5
中学校	51,310	43,505	39,795	32,111	33,323	30,749	63,634	55,248	52,971	59,502	71,309	80,424	97,704	106,524	80,877
	14.2	12.0	10.2	8.9	9.4	8.6	17.8	15.6	15.0	17.1	20.8	24.0	29.8	32.8	24.9
高等学校	12,307	8,355	6,737	5,642	7,018	6,020	16,274	11,039	11,404	12,664	12,874	14,789	17,709	18,352	13,126
	3.5	2.5	2.0	1.7	2.1	1.8	4.8	3.1	3.2	3.6	3.7	4.3	5.2	5.4	4.0
特別支援学校	384	341	309	259	380	338	817	768	963	1,274	1,704	2,044	2,676	3,075	2,263
	3.7	3.2	2.8	2.2	3.1	2.7	6.4	5.9	7.3	9.4	12.4	14.5	19.0	21.7	15.9
計	124,898	101,097	86,648	72,778	77,630	70,231	198,109	185,803	188,072	225,132	323,143	414,378	543,933	612,496	517,163
	8.7	7.1	6.0	5.1	5.5	5.0	14.3	13.4	13.7	16.5	23.8	30.9	40.9	46.5	39.7

※ 上段は認知件数、下段は1,000人当たりの認知件数。

認知件数の前年度比較

《小学校》　　　　63,648件（13.1％）　　減少
《中学校》　　　　25,647件（24.1％）　　減少
《高等学校》　　　5,226件（28.5％）　　減少
《特別支援学校》　812件（26.4％）　　減少

（出典：文部科学省　いじめの現状について　令和3年11月）

（2）会議での自己統制

　自己統制にはブレーキとアクセルがあり、その時々における調整弁となることが多い。前述では職場の人的環境が悪くならないポイントを解説させてもらったが、ここでは、もっと良くなる、つまりアクセル調整弁としての自己統制を考えてみたい。どの企業にも多くの話し合いの場がある。会議、朝礼、打ち合わせ、ホウレンソウ等がその最たるものである。ここでは会議を中心として、その会議にどのような気持ちで臨むのか、そのあり方次第で、その会議を効果的にし、有意義なものにすることができる。

　ある会議を覗いてみた。週一で開催される営業会議。司会の専務、「他に何かないのか、黙っていても始まらないぞ」「どんなことでもいいので何でも言いなさいよ」。もう一つの例を挙げると、月一回開催される役員会。社長、専務始め取締役監査役10人、「〇〇商品を海外展開していこうと思いますが、何か意見ありませんか」「〇〇地に新たな店舗拡大を図りたいですが、何か意見ありませんか」。

　前者の聞き方を抽象的質問話法と言い、後者の聞き方を具体的質問話法と言う。どちらにも参加して思ったのだが、前者では、司会の専務の言い方に圧倒され、発言しにくいし、後者では、聞かれている内容に熟知していないと回答しにくい質問である。

　それではこの場面、どうすることが会議を盛り上げることに一役買うことになるのか。やはりここでものを言うのが会議での自己統制である。どうすることが自己統制になるのか、そこである。

　まず、あなたの会社の会議は有意義に、活発に行われているか。行われてない会社であれば、何が問題か考えたことはあるのか。全てとは言わないが、こうした会議にこれまでたくさん出させてもらって感ずるのは、

① 報告会だけになっていて、意見を言える雰囲気がない。
② その会議の最高責任者が一方的に自説を述べ、話せるタイミングがない。
③ 部門外の話でついていけない、内容が分からない。
④ 定期的に行われていて、刺激もないし、黙っていても何も言われない。
⑤ ノルマ、ノルマの話だけで、対策、改善策の話がない。
⑥ 司会の人が下手なため、結論が出ない。まとまらない。
⑦ いつも話す人、聞く人に分かれている。
⑧ そもそも会議に関心がない人が多いので盛り上がらない。
⑨ 特定の人だけが議論に集中して、その議論に入れない。
⑩ 新人、若手には話しにくい雰囲気がある。

もしこんな会議なら考えなくていいのか、否である。それならば、どうすればいいのか。やはり自己統制の大切さを理解し、実践して欲しい。ここでの自己統制、セルフコントロールとは何か、どうすることなのか。

・雰囲気に飲まれない
・誘惑や環境に流されない
・言えないからではなく、思いきって口火を切るのだ
・ダメ、これではいけない、それなら僕が、私が、乗り出して積極的に参加する
・人が言わないからでなく、ここにいる自分の責任とは何かを考えて行動する
・もう一人の自分を出す
・ここで発言しないと「後悔先に立たず」ということを認識する

- とにかく一歩踏み出す
- 分からなくても関心をもって耳を傾けて聴こう
- 今回は自分も話してみよう
- 司会をフォローする発言

こんなことを自己統制と言う。知らないふりは分かっていてもしない、関係ない、話してもバカにされる、話すことが苦手だから話したくない、ではなく、これまでの自分に心の中で大変化の号令をかけることである。

（積極的傾聴）

 第15条 誰もが一番求めているのは、聴いてくれる人が職場にいること

積極的傾聴

積極的傾聴法を研究したアメリカの臨床心理学者カール・ロジャーズは、研究の一つとして共感的関係で聴くことの大切さを説いている。元来、人の相談を受けたり、話し合うとき、どんな関係で聴くのか、おおよそ３つに区分することができる。

（1）感情的、感傷的関係

これは人の話を聴くとき、ついつい相手の感情に相談者も身や心を委ね、「君もそう思うのか、僕もそう思う」「課長のことをそんな風に言う君の気持ちが、僕にも痛いほどよく分かる」と言うように、こちらからお互い感情的、感傷的になり、ある意味意気投合するこ

とを言う。

(2) 批判的、否定的関係

これは、相談者が自分のやってきたことを肯定的に話そうと思った矢先、「君のその態度、その考えに問題があるのでは」「人のことを言う前に自分を反省してみたら」「ダメダメ、だから君は相手にバカにされるんだよ」と言うように、相談するなり取り付く島もなく、批判されたり否定的な言い方をされる関係を言う。

(3) 共感的、共鳴的関係

まず理解し、受け入れる。そして、相手目線で聴いたり話したりする関係である。「なるほど、君の言いたいことは、相手の言い方がきつい、パワハラだってことか」「いろいろ頑張ったけど、もうＡさんとの関係は限界だってことかな」と言うように、まず相手の考え、主張を受け入れ、その上で、相手にどうすればいいのか、聴いてみる関係で、「相手がきつい言い方をすることは分かったけど、そんな人に君はこれからどのように関わったらいいと思う？」「もう限界ってことだけど、それでいいだろうか、何かこれまで以外の方法で再度考えてみる必要はないだろうか？」と言うように、あくまでも感情的にならず、又端から否定的な対応をするわけでもなく、「心の繋がりを持ちながら、相手の考え、方針を尊重して、アイデアを引き出す」関係を共感的関係と言う。

ここで話を元に戻すことにする。どんな関係で聴くかは、その状況にもよるので、一概に何がいいとは言えないが、やはりまずは、積極的傾聴の一つである「共感的関係」で聴く努力をしたいものだ。

　某会社が毎年行っている新入社員の意識調査によると、どんな上司があなたには望ましいですか、という質問に最も多いのが、「部下の話をよく聴いてくれる、相談に乗ってくれる上司」だそうだ。

　人と人との関係、とりわけ後輩と先輩、部下と上司、同僚同士等の関係で、最も大切にして欲しいのが、積極的傾聴を職場の誰もができるようにすることである。そしてその積極的傾聴を進めるポイントを敢えて絞るとすれば、次の5点になる。

① 考えさせ、言わせる

　　できる限り相手に考えさせ、言わせる。こちらからの指示的、規制的、命令的意見は慎み、相手の思いを引き出すようにすること

② 全否定は不可

　　一部否定する時も、肯定的な部分を伝えながら聴き、話すこと。

③ 共感的関係の保持

　　まず相手を受け入れる。そしてできる限り相手目線で聴き、話すことを心がける。受け入れる動作によく使うのが「明確化」である。「明確化」とは、「あなたの言いたいことは、○○のことなんですね」「あなたが悩んでいるのは、上司の頭ごなしで威圧的な言い方、態度なんですね」と相手の言いたい要点をまとめて確認することである。

④ 相手の目を見て聴く

　　日本人は相手の目を見ながら話したり聴いたりするのが苦手な人が多いと言われている。しかし、積極的傾聴とは、照れないで、まともに相手を見て聴き、話すことである。

⑤ 頷き、相槌を打つ

　　相手に対する聴いている証の一つ、相談者の話を受け入れる

時、是非して欲しいのが、頷き、相槌を打つことである。

このように職場の誰もが「積極的傾聴」、とりわけ先輩が、上司が、そうしたことに理解を深め、活用し、傾聴の輪が広がれば、職場に薄日どころか、穏やかで柔らかな光が至るところに届くことだろう。そうなることを期待したい。

人の話をよく聴いている上司

職場に「3G制度」

　「積極的傾聴」を職場の誰もが大切にして実行すれば、もうそれだけで、おそらく職場から心の痛みを感ずる人は激減、それどころか定着率向上の立役者になることも間違いない。それではそれを実践し、根をおろし、環境として育てていくためにどうすればいいのか。やはり制度の導入を忘れていけない。どんなことも一人一人の気持ちの持ち方が、ある環境をマイナスにもプラスにもするが、その大きな力となるのは、制度やルールである。

　・ヒヤリング（hearing）
　・カウンセリング（counseling）
　・コーチング（coaching）

　これらの語尾のGをとって、職場に「3G制度」を採用してみてはどうか。

（1）ヒヤリング制度

　職場の中で、よく使うのがヒヤリングである。顧客先とのトラブル、クレームを始め、ハラスメント、入社3か月を経過した新入社員、新しい企画商品の良し悪し等、多くの職場でヒヤリングは日常的に行われている調査法の一種である。ここでは、誰しも気持ち良く働いてもらうため、全社員に定期的に行う「ヒヤリング制度」について考えてみたい。大半の企業で行われている人事評価制度の一環としての「フィードバック面接」もヒヤリングの一つである。又、随時的、任意的、暫定的、その状況把握のために行われるヒヤリングは多々あるが、制度、ルールとしてのヒヤリングについて解説させていただく。

例えば、あなたの企業に「ヒヤリング制度」を導入したとする。もちろん、目的、方法、日程、時間、場所、そして出された意見の活用法等を予め決めておかなければならないが、次のことだけは、誰もが身につけて実施してもらえるとより多くの効果を生むことができる。

① **真剣に向き合うこと**

　　積極的傾聴でも述べたが、聴いてもらえる人と真剣に向き合って、その人の真意、何が一番の悩みか、提案か、問題かを即座にキャッチ、その受け答えもその人レベルですること。

② **共感的関係尊重**

　　一言で言えば「付かず離れず」の関係である。しっかり相手の言いたいことを受け止め（202ページ参照）、どのようにしたいか、それを相手から聴き出すような聴き方をすること。

③ **基本５Ｗ１Ｈ**

　　いつ、どこで、誰が、何を、何の目的で、どんな方法でしたのか、そんな聞き方をすることを心がけると聞き漏らしを防ぐことにもなる。そのため軽くメモすることも必要である。

④ **具体的（点）質問話法**

　　「何かありませんか」「どんなことでもいいので、日頃感じていることを話してください」と聴いても話さない人がいる。そんな場合、「あなたの上司のＡさんの教え方についてどう思いますか」「新機種設置しましたが、使いにくいところありませんか」というようにかなり具体的に聴くと案外意見や考え方を聴くことができる。

⑤ **公平性の原則**

　　制度、ルールとして行う時、大切なことはどんなこともでき

る限り公平で公正な取り扱いをすることである。「どうしてあの人だけあんな長いこと聴いてもらえるの」「私にはそんなこと聴かれなかった」「断りもなく名前を出されてショックでした」ということにならないよう、話してはならないことは話さない、できる限り全員同時間のヒヤリングにすること、基本的なことは誰にも聴くこと等である。

「ヒヤリング制度」の導入。そしてその効果は、求人対策、入社時に伝えることでの安心感、社員の真意を汲み取ることによる明るい職場作りの原点になること等、かなり大きいのではないだろうか。

(2) カウンセリング制度

今程、カウンセリングが必要視されている時もない。それだけ多くの人が、心の悩み、痛み、苦しみに喘いでいるからかもしれない。事実、社労士として、多くの顧問先でカウンセリングを実施させていただくと、その悩み、痛みの大小こそあれ、かなり悲痛な叫びとなり、配置転換の希望をする人、心療内科を紹介する人、長期休職する人、そして最後は退職を余儀なくされる人も少なくない。職場にカウンセラーの人数が少な過ぎる。これまで何百、何千人もの管理、監督者を教育させていただいて、いつも言ってきたことは、「あなた方は部下のカウンセラー」であって欲しいということ。

ところが、それどころか皮肉にも管理、監督者によるパワハラが引きも切らない。むしろ心の綻びや縺れを、管理、監督者が後押ししているようでもある。これではいつまで経っても「部下のカウンセラー」になることは難しい。そこで、ここでは、こうした不穏な職場風土を一掃する上で、思い切った職場環境改善、改革を管理者

による「カウンセリング制度」導入によって進めたい。

　その前にこれまで何回もカウンセリングについては述べてきたが、おさらいすると次のようになる。まずカウンセラーに必要なのは、カウンセリングマインドである。
① 受容 → 相手を否定せず、どんなこともまず受け入れる考え方、姿勢であること
② 共感 → 相手を理解し、その悩み、痛みを共有、共感、共鳴する姿勢であること
③ 傾聴 → 人の話を心で聴く姿勢であること
④ 主人公は誰か → クライアントが主人公、少しでも相手の主張を受け入れ、どこまでもカウンセラーは支援者、脇役であること

次に具体的手順
① 少しでも出入りの少ないところで騒音がない場所だと互いの真剣さが伝わる。
② 椅子はハの字型か、斜めに座るといい。気持ちを穏やかにする効果がある。
③ 予め用意してある質問表を基に、まずはクライアントから辛い事実 → その理由、背景 → これまでクライアントとして試みたこと → これからどうすればいいのか、そこはクライアントに言わせながら、カウンセラーの意図する回答がない場合、それとなく「そのやり方だとうまくいくだろうか」「君ならもう少し違うやり方がうまくいくのでは」と、支援的に関わり、クライアントから回答させることを大前提とする。
④ そして最後に、今回の話でどのようなことをクライアントの

意思ですることになるのか、カウンセラーは確認しながらクライアントの承認を得て結びとする。
最後に「カウンセリング制度」としてのルールは、
① 全ての管理者はカウンセラーとしての位置付けとする。
② 管理者の中でカウンセラーとしての手法等が分からない場合、基本的なカウンセリング手法、ノウハウをネットや研修機関で履修すること。
③ キックオフして半年程を目標に、管理者による「カウンセリング制度」をスタンバイできるようにする。
④ 少なくとも年2回、カウンセリングを実施。その記録を必ず上司、経営者に報告。
⑤ これで、過去の部下状況を知るだけでなく、この記録簿を、部下の成長把握、育成ノートとしても活用。
こうしたことを、まず制度的に行えれば、普段の部下指導に温かみと深み、厚みが増し、部下ならずとも管理者自身の成長にも繋がることとなる。

(3) コーチング制度

最近、多くの企業で採用されているのが、コーチングスタイルによる指導法である。ティーチングのように、手本を示し、やってみせ、やらせてみる。どちらからと言えば、一方的な教え方ではなく、相手の考え、方針、やり方等をよく聴き、尊重して、その意見を受け入れ、相手に任せ、判断させ、計画を立てさせ、本人の持ち味、マンパワーを引き出しながら、ある目標を自分の力で達成させていこうとする方法である。前節で、カウンセリングのことを述べたが、ベースはカウンセリング手法による指導法である。この方法ですれ

ば、本人のモチベーションアップに繋がるだけでなく、自らが主体的に動くことから、成就した時の達成感は極めて大きい。

そしてこのスタイル、あなたの企業に「コーチング制度」として導入してはどうだろうか。この方法は、新人育成や新しいことを習得する上ではそれほどいい指導法でなく、むしろノウハウ指導中心になることからティーチング手法の方が効率的で、その効果も大きい。しかし、次のような人にはコーチングスタイルでの指導を勧めたい。

① ある程度経験のある人
② 肩書きのある人
③ 職人気質で拘る人
④ 技術力は高いが、部下の管理をすることが苦手な人
⑤ いつも同じミスをする人
⑥ 決めつける人
⑦ 自分勝手、マイペースな人
⑧ 主体的に行動ができない人
⑨ 周りと歩調を合わせない人
⑩ やる気のない人

まだまだたくさんあるが、要は、その人の行動パターンがある程度画一化、固定化されている人には、コーチング指導法が最も効果的である。そして、それを企業で「コーチング制度」として設ければ尚、人材育成の飛躍的な成長を期待することができるし、何より企業活動に活気を促すことができる。

それではどのように制度化すればいいか、考えてみよう。
（1）採用時、誰しも人の話の聞き方、聴き方の違いの指導を受け、

その使い分けをスタートから習得させる。
（２）監督者、管理者になる時、必ずコーチング指導法を履修することを義務付ける。
（３）個人目標設定、部門目標設定は、全てコーチングスタイルで行うこととする。
（４）入社して３年を経過した人にはコーチングとは何か、何故コーチングが大切かを理解させ簡易的な演習を実施する。
（５）カウンセリング、コーチングの重要性を企業理念、方針に盛り込み、「傾聴」の大切さを風土、環境にする。

このようにあなたの企業に、「３Ｇ制度」を導入することで、職場での働きやすさが促進されるだけでなく、社員一人一人を大切にした人間性尊重型の風土が次第に醸成され、「光る職場へ」少しでも近づくことになるのではないだろうか。

部下の話をよく聴いている明るい上司

（人事処遇）

第16条　人事処遇（昇進・配転）は、人作りと均衡、均等でなければならない

1　やる気の出る人事制度

　このところ「昇進したくない症候群」「班長になりたくない症候群」という言葉をよく聞く。症候群とは、ある症状、症候が原因不明だったり、複数の理由があって特定できないことを言う。要は、それなりの理由があって、やりたくない、なりたくないのだ。そうした企業であるA社、B社、C社を少し覗いてみると、「なったら仕事が多くなる上、それに伴う給料がない」「なると同時に、残業が増え責任が重くなる」「人の上に立てば、言いたくないことも言わないといけない」等々。無論、そうした理由だけではないが、経営者としては、喜ばれるかと思っている矢先にこれでは残念至極。

　では、A社もB社もC社も喜ばれ、昇進したい、班長になってみたい、課長に選ばれたい人事制度を作るにはどうすればいいのか。こうした人事制度によって作った集団は、社員を増やせば増やすほど、その会社の資質向上にも繋がり、やる気集団にしていくことができるだろう。まず考えたいのは、今のあなたの会社の人事制度。オープンにされ、どうすれば昇進、昇格することができるのか、基準が明確になっているのか、である。そして、その制度に関心があり、前向きに考える人が多いのか、否かである。

　各企業の就業規則を作成、変更する場合、企業によっては、作ってはあるが殆ど関心なく、大切な就業に関する権利義務関係を、ま

るで他人事のように感じている人が少なくない。ところが、そんな人も何か社内で大きな問題があれば就業規則を精読するようだ。それなら普段からどうしてもう少し就業規則にも関心を持って、働く人、働かせる人の権利義務関係を意識していないのか、である。つまりよく知っていれば、そんなことなど起こることがない、ということが多々ある。まして昇進、昇格となる基準など、その会社のトップでさえ、明確にしておくことに関心が薄く、「ボツボツ人事」「そろそろ人事」「誰か退任してから人事」という「成り行き人事」が多いように思える。

　そこで、オープンにした後で次に考えたいことが、人事処遇に「育成」を取り込むことである。「職制は人をつくる」と言われる。人事処遇によってAさんを昇進させることが、大きな成長に繋がるという意味である。ところが、なりたくない、のである。やはりここに欠けているのは、「動機に繋がる処遇」になってないからではないだろうか。それではその繋がる動機とは何か、それをあなたの企業に導入すれば、きっと「なりたい、やりたい」人が増えることに期待したい。

（１）動機に繋がる処遇

　人が何に動機やモチベーションを感ずるのか、人それぞれである。しかし、大抵の人は昇進、昇格に憧れ、目標として頑張るものである。なのに、企業によっては、そうでない労働環境にある企業が極めて多いのも事実である。そこでまず、憧れる企業の最大公約数的な人事処遇を紹介する。

　① 　人事処遇（昇進、昇格、配転等）を極めて重視している経営姿勢がある。

② 従って、それなりの地位に就任するときは、必ず育成機会を設けている。
③ 労基法で言う「適用除外者」で労働時間、休日、休憩を除外されている者が、そうでない者との賃金格差において納得できる制度になっている。
④ それぞれの地位に相応しい役割（責任と権限）が明確になっている。
⑤ そしてその役割を尊重する風土が職場に醸成されている。
⑥ リーダーシップとメンバーシップ（各自の役割を果たすこと）が、それなりに区分され、押し付け型の人事処遇でない。

（２）適材適所のポジション

　人事にも多様性の波が押し寄せている。メンバーシップ型雇用にジョブ型雇用、定年延長や定年制なし、ダブルワークによる時間雇用やテレワーク等、あげればきりがないほど人事の幅が広がっている。働く者からすれば、それだけ選択肢が多くなり、その人その人の意思、適性、状況に応じて選べるわけだからむしろ歓迎すべき波である。そして「なりたくない症候群」をいかに少なくするのか。次に考えたいのが、こうした働き方の多様性を取り込むことで、かなり「なりたくない症候群」を減らすことだ。
　複線型人事制度の導入。この制度は、これまでに既述させていただいたが、ここでは効果的な使い方を中心に解説する。まず昇進・昇格するとき、多くの中小企業では、マネージメントを役割とする班長、係長、課長、部長といった役職呼称が圧倒的に多い。しかし、実際の役職者に聞いてみると「適性があるとは思えない」と今のポジションに悩む監督者、管理者が少なくない。その意味で、昇進は

させたが、適性がないとなれば、どうなるのか、本人以上に困るのは部下である。そんな企業がなんと多いことか。それだとやはり「なりたくない」のである。賃金テーブルを用いている企業なら、班長からでも、課長からでもいい。マネージメントタイプ（M職）の昇進とスペシャリスト（間接部門）タイプ（S職）の昇進、更にはエキスパート（技術、製造部門）タイプ（E職）の昇進制度（資料16）にしてはどうだろうか。

　ただこの場合、注意しなければならないのが、M職と比較して、S又はE職が同等でなく一段低く見られる傾向にあることである。これは全くの誤解。あくまでもタイプを3通りにしているのは、その人その人の適性、つまり「適材適所主義」を導入することで、人間性尊重型の人事処遇にしているためで、そのことを理解しておくことである。

資料16　人事管理規定例

（専門職制度）

第○条　専門職（S）とは、第3条において4、5等級に格付けされた者で、高度、又は特殊な専門知識・技術・経験をもとに援助・補佐・指導・協力をする役職ポストに付かない高度な専門担当者を言う。

等級	階層	複線型人事制度 役職						
		M級				S級	
		営業	技術	管理	生産	間接職 （営業・技術・管理）	生産
1	一般職						
2							
3							
4	監督者	リーダー	リーダー	リーダー	リーダー		技師補
5	管理者	係長 課長	係長 課長	係長 課長	係長 課長	主査 監査	技師 主任技師
6		部長	部長	部長	部長		

（役割責任等級）

第○条　役割責任にかかわる等級は、次の通りとする。

階層	等級	役職/級	役割責任・能力
一般職	1	初級	比較的短時間に習得できる定常業務を担当する。任務を忠実に実行し、仲間と協力してスピーディに正しい成果を出す。
	2	中級	日常の定型業務を独立して遂行、処理できる。 実務知識・技術・経験等に基づき、状況を適切に判断して、対応することができる。 問題解決方法を身につけ業務の改善や問題解決ができる。
	3	上級	実務に関する比較的高度な知識および比較的高度な経験をもとに応用的判断を要する業務を遂行できる。 下級者に自己の経験を生かし指導できる。 担当する業務の手段・方法などを見直して、安全・確実・満足度が向上する改善ができる。

第2章 ▶ 光る職場の20か条

監督職	4	リーダー	M	業務に関する経験をもとに複雑な判断を要する業務を遂行できる。 標準的な課題について、上司の指示によりグループをまとめ問題解決にあたることができる。 下級者の指導の責任者として行うことができる。
		技師補	S	M職の指示を受けた者で、高度で専門的知識や技術をもとに実務を確実に遂行できる者を言う。また、必要に応じてM職の補佐および高度な技術を含めた技術指導をする。
管理職	5	係長	M	担当部署の円滑な業務の遂行に責任を持つ。 担当部署についてリーダーシップを発揮し、目標達成へ向けてメンバーを動かすことができる。 困難な課題について、上司の指示により問題解決にあたることができる。 他者の模範となる行動がとれる。 上司を補佐しながら、自己・部署の仕事の役割・目標を設定し、同僚と問題意識を共有しながら計画的に成果を実現する。
		主査 技師	S	M職の指示を受けた者で、高度で専門的知識や技術をもとに実務を確実に遂行できる者を言う。また、必要に応じてM職の補佐および高度な技術を含めた技術指導をする。
		課長	M	生産性の向上と高品質が確保されるよう、社員を指導する。 広い視野でマニュアルや業務について見直し・改善を行う。 社員の業務の遂行状況を把握し、潜在的危険性を見逃さず察知し、回避する総合的なリスク管理。 担当部門を統括し、円滑に業務を推進する。 部門目標の達成に責任を持ち、実行計画を策定して推進する。 管理者を含む下位等級者の育成。 下位等級者の士気を高揚させるために統率する。
		主幹 主任 技師	S	M職の指示を受けた者で、より高度で専門的知識や技術をもとに実務を確実に遂行できる者を言う。また、必要に応じてM職の補佐および高度な技術を含めた技術指導をする。
	6	部長		業務の遂行における様々なリスクを察知し、回避する総合的なリスク管理。管理者を含む下位等級者の育成。 下位等級者の士気を高揚させるために統率する。職場の維持管理・人間関係含めた総合的な労務管理、適切な判断と対応。 会社の基盤事業・中枢機能の統括責任者として戦略的な経営計画等により経営首脳の意思決定を補佐し、担当部門の中長期的な業績と成長性を確保する。 経営層のサポート（危機管理）、各種プロジェクトを管理する。

（出典：自社作成資料）

② 育成を意図した人事処遇

　昇進・昇格、降職・降格、配置転換等の人事を何のために行うのか。本来は、経営者側と管理者側の意思統一が図られていなければならないが、意外にも乖離した意思不統一を知ることがある。管理者の役割とは、部下の管理（指導育成、人間関係管理、要員管理、労働時間管理、適性な仕事の指示等）、仕事の管理（売上、粗利、商品開発、新規開拓、品質、納期、コスト管理等）であるが、実際まともにできない管理者に対し、批判、否定、ダメ、諦め、見込みなしの烙印を押す経営者も少なくない。中にはそのことで、躊躇なく降職、降格する企業もある。

① 通常作業に、管理的業務もやって欲しいができてない
② 管理者だからもっと人の模範であって欲しいが…
③ できれば経営側の立場で考えて欲しいが、部下側の立場では管理者と言えない
④ 待遇に文句を言うのでなく、まずやることをやってからに
⑤ 時間外手当がつかなくなったら手のひらを返したように早く帰るのはおかしい
⑥ 管理者なのに全く努力しない、部下管理ができない、これでは上げるべきでなかった
⑦ トラブルがあっても責任転嫁、部下の不出来をそしる
⑧ 部門目標、課長、部長が先頭に立ってやるところ、部下だけにやらせ、自分はいいところ取り、これでは…

　この嘆き、果たして誰の問題だろうか。正解はないかもしれないが、一つ言えることは、管理者だから、やるべき、やって当たり前、辞令をもらったらその気持ちに、その考えに、そしてそれを真っ先

に実践するのが管理者。ここである。こう決めつけることに問題があるのではなかろうか。

やはり管理者も人の子。何もしなくて期待だけでできるはずもない。確かに「職制は人を育てる」と言われる。しかし、それも昇進させることに育成意図があればこそである。では、どうすれば昇進と育成がイコールになるような企業にすることができるのか。

① 再度、M職でいいのか

このことは本人の適性を重んじればこそ、思い切った異動（S又はE職へ）を決断するのも、本人の育成やモチベーションアップに繋がるのではないだろうか。

② 今が当たり前でない

今の立場を当然と考えるのではなく、やれて当たり前でもなく、いつも育成を意図してできる限り、その立場に相応しい教育機会を与えることである。

③ ステージを尊重する姿勢

経営者が任命した管理者としてのステージを、受け入れ認めることである。できる管理者、できない管理者とで分けるのではなく、等級、地位、キャリア等、それぞれに持っている今日までの歴史を尊重した上での判断が大切である。

④ まずS又はE職から

企業によっては誰もがS又はE職からスタートし、そこで部下管理に適性がある者をM職へ。適性配置する前に育成を意図した人事処遇である。

⑤ ルールに柔軟性を

どんな人も班長になったから、課長になったからといって、

全て期待に添えるわけではない。それなら少し猶予をおいたポジショニングはどうだろう。「役職任期制度」の導入である。一般的に1〜2年が多いが、この間、様子を見て良ければ期限付き課長職 → 期限なし課長職にしてはどうか。受ける方も「なりたくない症候群」に入らないで済む。

⑥ 推薦一択から自主性を

更に人事の多様化を進めよう。どのポジショニングにも唯一上司推薦のみの昇進人事から選択制を導入。そして推薦制と選択制の二択による人事処遇を設けてはどうか。選択制は、本人の自主性を育てることになり、同時に試験制度を採用してはどうか。今や大学入試も一般入試、推薦入試が、ほぼ同数と言われている。どちらにも利点があるからである。

このように適材適所主義をベースに、様々な人事制度を設けることで、人事処遇によって昇進した人も、やって当然、やれて当然からでなく、ポジショニングをスタートとして、育成を図りながら成長していく人事制度ができれば、もう「なりたくない症候群」は激減するのではないだろうか。あなたの職場、まずやれることからチャレンジして欲しい。

第2章 ▶ 光る職場の20か条

少しずつ階段を登りながら本物の課長として成長していく

（賃金処遇）

 賃金処遇（昇給、賞与）は、適正評価を担保にモチベーションアップの原点である

1 ダイレクトな動機付け

　数年前から政府の賃金政策で、昇給が大幅に改善され、軒並み３〜５％アップ、企業によっては昇給率の二桁提示、世間の脚光を浴びた。そして多くの企業では、基本給に連動している賞与にも影響して、年収もかなりアップした。今年はどうだろうか。そこまでいかないにしても消費者物価指数の跳ね上がり、社員の生活困窮状況

の勘案、多くの企業が相当な賃上げを考えざるを得ない状況にある。連合は今年の賃上げが、中小企業でさえ６％アップを目標に掲げているようだ。社労士は中小企業が大半の顧問先で、実際そこまで昇給することはできるのか。感覚的ではあるが、正面突破できる企業は、決して多くないのが実相ではないだろうか。

　しかし、賃金処遇は、社員のモチベーションアップをダイレクトにキャッチできる最大のツールでもある。従って、その内容、やり方、額の大小は、かなり一人一人の心を会社方針や経営に向けてくれ、大きな力になること間違いない。それだけにどれだけ出すか、出さないか、それとモチベーションアップを促すものか、そうでないかは、職場のやる気環境に大きな影響力を与えることになる。

　それでは大きな影響力をもつ賃金処遇を、どのようにすれば、作ればいいのか。まず、昇給のあり方を考えてみよう。人事処遇（昇進、昇格、降職、降格、配置転換等）でも言えることだが、適正評価との関係性が極めて重要になる。我々が関わっている多くの中小企業では、その評価のあり方が感覚的、情実的、個人的対応、更には他人との比較評価や、折角管理者が評価したもののあっさり経営者の独断で大変更、トップ評価が全て、という企業も少なくない。これでいいのか、否である。

② 適正評価が担保要件

　社員一人の企業でも全く評価しないで昇給、賞与を決定することは少ない。どんな方法であれ、やみくもに支給決定すれば、かえって社員の反発や不快を招き、モチベーションダウンに繋がりかねない。しかし、その方法を知ると多くの問題点にぶつかる。昇給原資

がないから誰しも一律、お互い賞与を見せ合うので差を設けない、家庭的に大変なのでAさん、Bさんには少し多めの昇給、賞与、その他、主観的事情、個人的事情等を考慮した賃金処遇。どれも悪いわけではないかもしれない。むしろ企業によっては、そうしたやや適正さを欠いた支給基準の方がモチベーションに繋がることも少なくない。従って、必ずしも公正、公平要件を満たした評価による賃金処遇が、適正評価だと断言できるわけではない。

評価による賃金処遇は、適正評価に越したことないが、そもそも適正評価とは何かという定義があるわけではない。強いて言えば、できる限り多くの社員に受けいれられる納得のいく評価基準があることである。それではその評価基準、どのように作ったらいいのか。そのためいくつかの要点を押さえておこう（資料17）。

① 誰が誰を評価するのか
② 評価期間はどの程度か
③ 何を評価するのか
④ 何のために評価するのか
⑤ 評価をどの程度賃金（昇給、賞与）に反映するのか
⑥ 絶対評価か相対評価か
⑦ 評価項目等のウエイト
⑧ 自己評価するかしないか
⑨ フィードバック面接の有無
⑩ 評価決定までのプロセス
⑪ 公開の程度
⑫ 目標管理制度の必要性

そして最も肝心なのは、こうした評価基準を、誰が、どのような方法で作るのかを、決めておいた方がいいということだ。

これまで多くの企業で人事評価基準を作ってきたが、やはりまずは基準を明確にすることである。しかし、これだけでは絵に描いた餅になりやすいので、5年ごとぐらいにブラッシュアップすることも忘れたくない。更に次のことが整備されていないと、本来の目的が達成されないことになる。いわゆるハード面の整備と、それを動かすソフト面の整備である。どんなことが整備されていないといけないのか。

（1）多面評価制度の導入

　一般にはどの企業も上司が部下を評価するだけの評価基準が多い。しかし毎年上司の評価だけだと、評価が変わらない、好き嫌いで評価されている、反発や批判せず、素直に気に入られるような仕事をした者がいい評価を受ける等、部下側からの不満をよく聞く。そこで、数年に一度、部下からの上司評価、同じ地位にある者からの評価も入れると、評価者の真剣さ、評価の根拠付け、評価期間中の育成を大切にする過ごし方等にも大きな影響を与え、より信憑性の高い評価になることが多い。

（2）簡単な観察記録簿

　評価期間中の出来事を、鮮明にいつまでも覚えている人はまずいない。それだけに日頃の出来事で、比較的顕著で特徴的な事実を書き記しておくことは、評価の妥当性、合理性、適正さを担保する上で極めて大切なことである。多くの部下を擁する人には仕事が増え、大変かもしれないが、そこに書かれた内容を元に評価することは、適正評価の第一歩である。日時、出来事、上司からのアクション、それによる部下のリアクション等を記すだけでもいい。

（3）評価する人による定期的「見直し会議」の設置

　既述したように適度なブラッシュアップは必要であるが、それを誰がするかが問題である。やはり評価者による見直しが一番。使ってみて、使い勝手の悪いところはないか、評価要素、評価項目が実態とかけ離れていないか、段階の基準は５評価、４評価、はたまた３評価がいいのか等、少なくとも年一回は、評価者による「見直し会議」の設置をお願いしたい。その他、自己評価制度の導入、評価者訓練の実施、フィードバック面接の実施と面接訓練の必要性も大いにあることを次節で解説する。

資料17　人事管理規定例

（人事評価の目的）
第○条　人事評価（以下「評価」と言う）は、次の目的で実施する。

目　的	内　容
格付認定	役割責任等級への格付として、適格かどうか判定する
基本給改定査定	担当している役割について、その遂行度を把握し、一年間の成績の結果やプロセスを評価し、級内改定の判定をする
賞与査定	半期毎の査定期間内の役割責任がどの程度遂行されていたかについて判定する
能力開発	各査定の結果に基づき、能力開発のための情報として活用するとともに、職場の活性化を図る

（評価の構成）
第○条　評価は、情意評価・能力評価・成績評価の３つから構成する。

区　分	評価項目
一般社員	・情意評価（規律性・責任性・協調性・積極性） ・能力評価（基本的能力と習熟的能力） ・成績評価（質と量）
監督者・管理者	・情意評価（規律性・責任性・協調性・積極性） ・能力評価（習熟的能力） ・成績評価（質と量）

(評価者・被評価者)
第○条　評価者は原則として、第一次・第二次の２段階とし、その実施者は次の通りとする。但し、その部門の規定の職制がいない場合、又は遂行する職務内容や配置上、下記評価者以外の者が評価した方がより適正な場合は、各部門長の判断により変更する。

被評価者	一次評価者	二次評価者	最終決定
１等級～４等級	係長又は課長 各リーダーの意見の参考可	部長	社長（役員）
５等級	部長	社長（役員）	
６等級	社長（役員）		

(評価期間)
第○条　評価対象期間は、次の通りとする。

項　　目		対象期間
賞与査定	夏期賞与	10月１日～３月31日
	冬期賞与	４月１日～９月30日
基本給改定査定	基本給改定	10月１日～３月31日

(評価の方法)
第○条　評価は、行動の選択・要素の選択・段階の選択の３つの判断行動に基づいて行うものとする。
　２　評価は、原則絶対評価とし自己評価も実施する。
　３　評価の段階は、次の通りとする。

5	極めて優れている
4	期待に十分応えている
3	概ね期待に応えた
2	期待に届かなかった
1	相当な努力を要する

(評価調整)
第○条　評価結果についての調整は、原則として役員以上で評価調整会議を実施する。

(総合評価)
第○条　総合評価は、調整会議で総合的に勘案して決定する。
　２　評価の段階は、Ｓ・Ａ・Ｂ・Ｃ・Ｄの５段階とする。

(ウエイト)

第○条 各要素のウエイトは次の通りとする。

項　目 \ 等級	1〜3等級 (一般社員)	4等級 (監督者)	5〜6等級 (管理者)
情意評価	50	30	20
能力評価	30	40	30
成績評価	20	30	50
合計	100	100	100

(出典：自社作成資料)

(自己評価)

第18条 自己評価の精度が、上司評価に連動するものである

1 自己評価の狙い

　年2回の上司評価、これによって多くの企業は、夏冬の賞与、昇給を決定する。企業規模、内部体制の有無等によって、賞与支給基準と昇給基準を分けている企業もあるが、我々が関与している中小企業の多くは、年2回の査定を賞与、昇給に活用している。その際、自己評価をさせる企業も少なくない。しかし、この自己評価、特別な訓練、注意事項を伝えることなく、毎年ルール通り粛々と行われているのが普通である。自分の評価を自分でするわけだからいろいろな思惑が去来することもある。上司が斟酌してくれるのを読み込む者、いいところだけを見て評価する者、過大評価を当たり前と思う者、反対に過小評価を当たり前とする者、際立って萎縮評価する者、性格が色濃く反映されている者、時には上司との駆け引きに使う少し悪質な自己評価者もいる。自己評価理由は実に個性的なこと

が多い。おおよそ、自己評価制度を導入している企業は、フィードバック面接もするので、作られた、歪められた評価でなく、できる限り事実に基づく適正評価が望ましい。そこで採用して欲しいのが、自己評価に重みと真実味を持たせる「自己評価者訓練」の実施である。

その前に、まず何のために自己評価をするかである。自己評価する一人一人がよく理解していないままに実施している企業が案外多い。この点をしっかり押さえておいてから実施して欲しい。大きく4つある。

（1）自己啓発の出発点

既述したように大抵自己評価は、上司評価を上回ることが多い。これは自分の半年間をどちらかと言えば、できていること、やったこと、誉められたこと、一番同僚の中でよくやっていると思っているから等の理由からであろう。もちろん、やれたことを自己評価に反映することは何も悪くない。しかし、人が成長するのはどんな場合だろうか。やはり振り返り、反省し、自己評価の良くない点をどうすればもっと良くなるだろうか、と認識した時である。だからこそ、評価点をつけるだけでなく、項目ごとの評価を振り返り、問題点を謙虚に受け止め、自己啓発の出発点にして欲しいのである。

（2）部下を知る好機

上司から見た部下、評価はいつもその目線で見ているが、そこに自己評価制度を導入することで、もう一つの視点、部下は部下自身をどのように見ているのか、それを知ることになる。そしてその自己評価を知って、時には何故部下がこの項目についてこれほど良い評価をしているのか、又反対にこれほど良くない評価をしているの

は何故だろうか、と分析することは、部下評価をする上で大きな刺激となり、上司評価のあり方に慎重さや丁寧さが加わり、一層精度の高い評価が期待される。

（3）面接意義をより高める

　そしてこれが自己評価する最大の目的と言っていい。自己評価→上司評価（1次）→上司評価（2次）をするとき、多くの企業で、フィードバック面接制度を導入している。これは、自己評価したものと上司評価したものを互いに見せ合い、「評価根拠」を話し合うことである。この根拠こそが、人の成長を動機付ける最大の育成点である。つまり、部下が5点つけた根拠を言い、上司が2点つけた根拠を話す。それが理解さえされれば、自己評価の大切さ、上司評価の重みが更に増すことにもなる。そして面接を通して、上司だけでなく、部下も上司の評価根拠を聞くことで、今後の仕事への取り組み姿勢に大きな影響を与えることになる。

（4）自己評価者訓練

　前項では、自己評価の目的、評価する上での注意点等を解説したが、その自己評価、できる限り私情を入れないで、事実に基づいて評価する大切さをまとめてみた。又実際、自己評価者訓練を多くの企業で実施させていただいたが、次のような 資料18 を配布して実施するようにしている。わが社に当てはめて活用してもらえるとありがたい。訓練する上で、是非取り入れて欲しいのは、ペアで互いの評価根拠を話し合うことである。そこで、評価点と評価根拠に妥当性が確認されれば、自己評価がある程度、信頼できるものであるという証にもなり、第一関門は通過したことになる。

資料18　自己評価する上での注意点

（1）自己評価の目的
- 半年間の自分の仕事ぶりや仕事に対する姿勢について事実を冷静に客観的に振り返る
- 努力して成果があがったところや改善すべきところを振り返り点数をつけることで、自分自身の問題点の顕在化と取り組むべき課題の明確化を図る
- フィードバック面接を行い、会社が期待する内容と自分自身の思いのすれ違いを無くすことで克服すべき課題を共有化ができ、育成に繋げる

（2）評価をつけるときの注意点
① 事実に基づき、客観的に評価すること
② 評価は対象期間中の事案に限定すること
③ 勤務外のことは評価とならない（休憩は自由）
④ 1つの行動を情意・能力・成績のそれぞれで評価することはできるが、1つのカテゴリーの中で複数の要素での評価は避ける
⑤ 評価対象にならない項目は評価しない
⑥ 全く事実が無い場合は評価不能とする（斜線を引く）

（出典：自社作成資料）

2　ユニークな評価者訓練

　自己評価、事実に基づき適正評価ができるようになれば、次は評価者による評価である。これこそ適正に行われなければ、まさに仏作って魂入れずである。これまで多くの顧問先で評価基準を作成、変更させていただいたが、評価基準もさることながら、むしろそれ以上に評価者の評価精度を高めることが何より重要であることを知

らされてきた。そして、それを担保するため実施されるのが評価者訓練である。訓練方法は実に多種多様である。企業独自のものもあれば、市販のレジュメ、資料を使ってする企業、ビデオを見ながら評価する企業、グループごとに話し合って評価する企業、実に様々である。どんな方法、手段であれ目的を達成できれば文句なし。

　ところがどんな方法でしても、1～2回評価者訓練したからといって、評価精度を高められるほど適正に評価するのは容易でない。

　これまで小生もいろいろな方法を駆使して、評価者訓練をしてきたが、辿り着いたベターな評価者訓練を紹介する。

①　予め白紙の評価シート、根拠シートを用意
②　できる限り同部門の評価者（管理者）に座ってもらう
③　グループで共通する部下選出、グループごとに評価する
④　リーダーを決める。できる限り直属の上司がいい
⑤　全ての評価項目ごとに根拠も書き込む
⑥　評価が終わったらリーダーが各自の評点と根拠を聞く
⑦　1項目ずつメンバーの意見を聞いてグループ評価を決定
⑧　全ての評価、根拠、グループ評価ができたら全員に披露
⑨　この時、各グループの評価とその根拠に異論がある場合は、誰とでも意見を交わし合い、全員が評価の妥当性を理解、その評価を共有する

　簡単に解説させていただいたが、まず自社でやってみることが肝心。この方法は、実際の部下を対象とするため、かなりインパクト、緊張感を伴うが、評価内容と実像を比較対照することができたり、個人　→　グループ　→　全員で話し合う場を設けられているので、参加者の納得感、浸潤性、理解度がかなり高められることになる。とは言え、評価者訓練を更に実のあるものにしていくには次の要件に

留意して欲しい。
- イ) 訓練で対象になった部下評価の内容は絶対漏らさないこと
- ロ) グループに地位の高い者がいる場合、極力指示的、規制的発言をしないこと
- ハ) 誰もが発言しやすい雰囲気作りを心掛けること
- ニ) グループでの話し合い時、一人一人の評価、根拠を聞きながらグループ評価を決定すること
- ホ) 評価者訓練の目的は「評価の妥当性と事実に基づいて評価できる」ことから、リーダーは評点の妥当性だけを話し合うだけでなく、事実に基づいたものかの審議も慎重に行うこと

資料19　評価者訓練レジュメ例（抜粋）

1．人事評価とは
『部下の仕事ぶりを観察し、査定して処遇や能力開発に活用すること』

2．人事評価の要素
（1）情意評価
　　情意評価とは、成績評価、能力評価のブリッジ（橋渡し）の役割を担うもので、仕事への取組み姿勢（ヤル気）を評価する。仕事への取り組み方としての意欲・積極性・責任感、及びチームの一員としてのあり方、他部門への協力としての協調性、並びに職務規律の遵守や態度要件としての規律性の要素によって構成する。

（2）能力評価
　　能力評価とは、与えられた職務を確実に遂行するための基本的能力と習熟的能力からなる能力を評価する。
　　基本的能力とは、職務遂行上の知識・技術の度合を言い、習熟的能力とは、長い間の経験によって蓄積された理解・表現・創造・判断・折衝・問題解決・企画・決断・渉外・開発・管理・リーダーシップ力

等の保有度合を言う。
（3）成績評価
　　成績評価とは、社員各人の担当する職務の成果としての発揮能力をいう。仕事の質と量の側面から見た場合の遂行度合（正確性、迅速性等）、及び目標管理等の達成度を見る要素によって構成する。
（4）役割（役割責任）評価
　　役割評価とは、各個人の「責任」を基軸にし、その責任が会社組織の中でどのような責任段階に該当するかを大括りで把握して、等級に格付けた制度。「社員の役割」を明確にし、「その明確化した役割の成果」を評価し、等級に連動した賃金表により処遇又は能力開発に結び付けていくこと。
（5）目標管理
　　目標管理とは、個人、又はグループ（部門）が予め目標を定めて、その目標の達成度合によって評価を行い、処遇、または能力開発に活用すること。

3．公正・公平な評価のために
（1）部下に各々の仕事の役割や責任の範囲を認識させる
（2）上司からの期待と部下の受け止めが合致するようにコミュニケーションをとること
（3）OJTの一環として教育的な関わりをすること
（4）上司は結果を評価するだけではない　⇒　「育てる」ことが上司の役割
（5）育成ノートの活用

4．評価者訓練の目的
（1）公正・公平な処遇
（2）社内の統一した評価基準を認識
（3）自分の評価に対する傾向を認識（甘い化傾向・辛い化傾向等）
（4）評価項目の点検見直し
（5）段階の基準を認識

5．評価する上での注意点
（1）評価は対象期間中の事案に限定すること
（2）勤務外のことは評価しない（休憩は自由）
（3）思想・信条・性格等は評価しない
（4）風評・人伝・イメージで評価しない（事実ある風評はOK）
（5）主観や感情で評価しない
（6）人を評価するのでなく仕事ぶりを評価する
（7）評価対象にならない項目は評価しない
（8）全く事実がない（知らない）場合は評価不能とする（斜線を引く）

6．評価者訓練の要点
（1）事実（根拠）について評価する
　　　但し、見えない事実（日報・報告・結果・上司・コミュニケーション）も採用
（2）基本的に評価は量的（回数・頻度等）と質的（記入項目の内容そのもの）の関係で評価する

7．評価者訓練の方法
（1）自分の直属の部下を一人特定する
（2）グループごとに分かれる（リーダーを決める）
（3）評価の実施（各個人で部下の半年間の評価を付ける）
（4）リーダーが評価項目を読み上げる
（5）メンバーとリーダーは『評価点と事実』を発表する
　①　被評価者を知っている者は多くの事実を発表し、被評価者を知らない者は理解する上で、「○○のことについてはどうか」「△△のことについてはどうか」と質問し、事実をできるだけ多く知る
　②　グループとしての統一した評価基準（段階の基準）を決定する時は、リーダーは必ず「○○の事実（根拠）があるから○の評価である」というように回答する
　③　グループとしての評価を決定する

(6) 事実と評価の検証
・事実が言えるように
・事実と評価の妥当性
(7) 全体でグループごとに発表
それぞれの『事実・根拠と評価点』を聞きながら、その妥当性を認識しあう

(出典：自社作成資料)

(フィードバック面接)

第19条 フィードバック面接は部下育成の出発点である

1 効果的な面接をするには

　上司の評価者訓練によって、かなり評価精度は上がっても、もう一つの関門となるフィードバック面接を効果的に行えなければ、まさに画竜点睛を欠くことになる。評価はしても面接まで取り入れる企業は必ずしも多くはない。理由はいろいろある。評価に自信がない、面談の仕方が分からない、時間がない、部下との評価差がある場合、納得できる説明ができない、中には部下との人間関係が悪く、できる状態ではない、と様々。それでもフィードバック面接を是非やって欲しい。又実施している企業でうまくいってなければ、ここでの説明を理解して是非挑戦してもらいたい。まずフィードバック面接の流れを紹介する。

(1) 面接前の準備

　予め自己評価したものと上司評価とを比較して、どこに違いがあ

るのか、とりわけ部下評価より低い評価をマーク、必ず根拠、理由を書き留めておくこと。

（2）面接当日

　出入りの少ない場所を選んで面接すること。穏やかな気持ちで面接するために座り方はハの字か、斜めに座るのが良い。面接時間（20〜30分程度）を決め、一人ずつ次の手順で進める。

① 面接目的を簡単に述べる。
② 最初に上司評価の良かった項目をできる限り具体的に説明する。「不良がかなり少なくなった」「仕事がしやすくなった」「周りへの影響が大きい」と具体点で誉める。
③ 次に上司との評価差の大きい項目を説明する。とりわけ、上司が低く部下が高い項目について、予め書き留めてある資料を基に丁寧に説明する。
④ そして部下自身、説明を受け入れ、これから少しでも前向きになることが、面接最大の目的である。

（3）育成の出発点

　面接とは単に上司評価と部下評価とをすり合わせるだけでなく、このチャンスを捉え、部下育成の出発点、自己啓発の原点とすることである。企業によっては、すり合わせだけして、評価結果を認識、人事や賃金処遇に結びつけるためだけのツールに使うものと決めているところもあるが、最も大切なのは、部下自身が、上司の言葉に耳を傾け、謙虚に振り返り、欠点・短所に気づき、自己啓発の原点、出発点にすることである。言うは易く行うは難しである。

　そこで次に、フィードバック面接を効果的に行うために、フィー

ドバック面接訓練の必要性、育成面接としてのフィードバック面接の大切さを理解して欲しい。

面接している様子

② フィードバック面接訓練

　フィードバック面接は上司側から見れば部下育成の出発点、部下側から見れば自己啓発の原点だ。これまで何度か説明させていただいたが、そのフィードバック面接を、どのようにすれば、それぞれの立場における目的達成とすることができるだろうか。そのため是

非お願いしたいのが、年一回程度のフィードバック面接訓練（ロールプレイング）を実施することである。そしてその訓練を実りあるものにするため、次の手順、留意点を参考にして欲しい。

（１）配役決定

　まず各ペアに分かれ、それぞれ上司役、部下役を決める。誰を部下にするかは、上司役、部下役をする人にとってよく分かっている人を選ぶことが肝心。とはいえ、必ずしも自分の部下から選ぶ必要もない。要は面接する人を双方よく知っていることがポイント。そして次の手順で進めて欲しい。

（２）面接手順

①　事前準備

　　上司は上司、部下は部下になりきって評価する。その際、項目ごとに「根拠表」にもその評点理由、根拠を書いておくことが大切である。

②　ラポール

　　評価をつけ終わったらいよいよ面接訓練スタート。まず部下が入室。ハの字の席に着座。上司は面接目的を述べ、気持ちを楽にさせるためラポール（親近感づくり、仕事外のことで最近気になること等）タイム（３分程度）を取る。

③　褒めるところのマーク

　　上司評価で、とりわけ評点の高いものをいくつか選び、具体的理由を述べながら部下を誉める。この時、淡々と誉めるだけでなく、できればそのときの様子など、エピソードを交えて誉めると尚効果大となる。

④　明確化

　　そしていよいよ関門。ここがうまくできるか、できないか、フィードバック面接の肝である。前節でも述べたように、自己評価と上司評価とが２差以上違うところは、まず部下側から、上司よりいい評価をしている理由を話させ、そして本人がその理由を述べたところで、「明確化」することだ。つまり、「Ａさんが５をつけた理由は、誰よりも確認重視、ミスのないよう心掛けたからですね」と相手が言いたいことを、まとめて確認することである。

⑤　評価差の大きいところ

　　次に上司は、部下評価より２差以上低い理由、根拠を予め用意してある根拠表を用いながら丁寧に説明する。しかし、訓練では簡単に部下は納得せず、食い下がって欲しい。つまり、こだけ時間をかけて部下が納得するまで「食い下がり訓練」を特番するといい。ここで部下が納得するためのキーワードを紹介する。

イ）「上司である僕は全てのことを観察しているわけではない。しかしこれからは少しでもＡさんを観察して評価に繋げるようにしたい」

ロ）「今回評点の悪いところは、これから○○のようにすれば、次回の評点が上がること間違いない」とどこをどのようにすれば評価が上がるかを伝えておく

⑥　育成の出発点

　　そして最後に、育成の出発点、自己啓発の原点になるよう、上司と部下の評点の低いところを何か所か選び、そこを克服のため、部下自身の心構え、取り組み姿勢等を聴くといい。

（3）反省会

訓練後は必ずペアで振り返りをするといい。そこでは、誉められてどんな気持ちになったか、誉め方が抽象的でなかったか、食い下がり訓練で、あのような言い方を上司からされたら、部下を想像しながら納得するかどうか、そして、部下が自己啓発の原点になるよう上司からの働きかけが良かったか等である。

資料20　フィードバック面談訓練レジュメ

１．フィードバック面接とは

　フィードバック面接とは、一般的に育成面接とも言うが、評価期間の半年間を振り返って、自己評価、上司評価をすり合わせることで、上司は部下がどのように自分を見ているかを知り、部下は自分の上司からどのように見られているかを知ることで、お互いの思いや評価の違いを理解し、今後の動機づけや育成の原点とする目的で行う。

２．面接訓練の要点

（1）部下は部下、上司は上司になりきって評価をする
（2）評価をするときは、事実、根拠、理由を根拠表に書き込んで、それをもとにすり合わせができるようにする。
（3）予め、限られた時間の中で、どのように面接を進めるかを計画化して実施する（時間配分・内容・動機づけ等）。
（4）上司と部下の評価差がある場合、とりわけ上司が低く、部下が高く評価をしているときは、まず部下から、評価の根拠や理由を聞いた上で、どうすれば評価点が上がるのかを伝えられるようにする。
（5）面接を通して、部下のモチベーションアップを図り、育成への原点となることを自覚させる。

3．フィードバック面接の進め方

① 予め、自己評価したものと上司評価したものの違いを確認しておき、観察記録簿及び育成ノート等によって面接の準備をしておく。	事前の準備。
② ラポール（親近感）作りをした後、育成面接の目的や面接結果の活用方法について述べる。	静かな場所でレイアウトはハの字。
③ 全体を通して、上司が良い評価をしている点については、その具体的根拠や理由を伝えながら十分誉める。	誉めて意欲を喚起。
④ 自己評価と上司評価を比べて2差以上異なる場合、とりわけ上司が低い場合（上司が「1」や「2」と評価しているのに、部下が「4」や「5」評価のとき）、まず部下に考えさせて言わせてみる。ただ、本人が答えられないときには、具体的状況を説明しながら質問してみる。	部下の人格を否定するような言い方は避け、行動や事実に基づいた言い方を心掛ける。明確化と反射を利用した積極的傾聴。
⑤ 上司も本人も「1」又は「2」のような低い評価をしている項目については、本人と問題をすり合せ、今後どのようにしたら、その評価項目を向上させることができるか、取り組む内容や方法、本人からの意気込みなどを聞く。取り組む内容はとりあえずできることを本人に選定させ、考えた内容に問題があれば、上司がサポートして上司側の考えを伝える程度に留め、あくまで本人の意思でその項目に挑戦させるようにする。	聴くが8割、話すが2割の気持ちで。

4．面接の演習

① ペア（A氏・B氏）になり、評価すべき具体的人物（X氏）を選定（X氏とはA氏・B氏2人がよく知っている人）
② A氏・B氏がX氏を評価する。
③ A氏が上司、B氏がX氏を演じ、面接をする。

5．面接でのやりとり例

上司	部下
・ここのところ、気温差がありますが、体調は大丈夫ですか（ラポール作り）。	・はい、大丈夫です。
・これから上期の評価について、面接をしたいと思います。	・よろしくお願いします。
・田中さんはいつも明るく元気な挨拶をしてくれるので職場の雰囲気が明るくなっていますよ（誉める）。	・そうですか、ありがとうございます。
・自己評価をしてもらったものと私の評価が、いくつかずれているものがありますので、話を聞かせてください。	・はい。
・まず、協調性の項目ですが、5がついていますね。その理由を教えてくれますか？	・仲間ともわきあいあいと協力できていると思いますので5をつけました。
・仲間と協力できていると思って、5をつけたのですね（明確化）。 ・実は私は2をつけました。田中さんは、予定が変更になって仕事をお願いしたときどんな反応をしましたか？	・特に反応しなかったと思いますが。
・私も含めて他から見ると嫌な顔をしていましたね（具体的事実）。	・そうかもしれません。
・田中さんが嫌な顔をするとどんな影響があると思いますか？	・みんなのやる気をそいでいるかもしれません。
・そうです。やればよいというものでもなく、嫌な顔をすればやはり、周りにもやる気をなくします。急な予定変更にも柔軟に対応できるようになってもらいたいと思いますが、いかがでしょうか。	・はい、気をつけます。
・4や5の評価に近づくように、どうすれば良いと思いますか？ ・なにか具体的な考えがあれば聞かせてください。	・職場への影響を考え、自分の気持ちを表情に出さないように、仕事に取り組みます。 ・急な予定変更にも不満ではなく、何かできることを協力的に考えて動きます。

・その習慣化は可能ですか。	・はい。
・頑張ってください。	

(出典：自社作成資料)

(ソフトウェア)

第20条　光り溢れる職場、絶えることないソフトウェアの質の高さと量の多さが不可欠である

1　究極のソフトウェア

　ハードウェアは、工場、設備、機械、装置、道具等のような見えるもの、形あるもので人が変えられないものを言うが、ソフトウェアは、制度、組織、役割、仕組み、規則、システム等、形がなく見えないもので、人が変えられるものを言う。しかし、ここでのソフトウェアとは、職場環境の良し悪しを左右する程大きな影響力を持っている、教育や研修のあり方、技術の引き上げ方、効果的な人材育成法、意識の深さ高さ、関わり方の程度、情報の活用や機能の程度等に限定させていただく。

　これまで長年に渡って企業の職場環境をどうすれば活性化できるのか、モチベーションの高い社員を少しでも多く生み出すことができるのか、定着率を高めることができるのか、又多くの社員が働き甲斐、生き甲斐を感ずる職場にすることができるのか、を最大のテーマとして関わってきた。そしてここまで「活性化ルール」を20か条にまとめた。最後にこれまでのことを総括しながら、それでもソフトウェアの大切さ、重要性、必要性を伝えたい。

究極のソフトウェアとは何か。一言では言えないが、概括的には「経営方針や組織体が機能し、靄や淀みのない光る職場へ導くための人材育成プログラムによって、教える側と教えられる側が強く意識する集団になっていること」ではなかろうか。平たく言えば、「誰もが成長できる職場環境があるかないか」である。誰もがである。経営者始め、管理者、監督者、中堅社員、新入社員、それこそ誰にも「成長を意図したプログラムとその育成環境」が醸成されているかである。

②　それぞれの育成環境

　既述したクルド・レビンの法則。職場の人的環境が、如何に社員のモチベーションアップに影響するか、理解していただいていると思うが、詰まるところここへ辿り着くのが、究極のソフトウェアではないだろうか。社員10人の会社も、50人の会社も、100人、300人、500人の会社もこれまで見てきて、その会社のモチベーション度の決定要因は、一人一人の社員にどれだけ経営者、管理者が目をかけ、気持ちを注ぎ、育てることに関心があり、そして部下、後輩から見れば、それぞれの目標に沿って、やるぞ！頑張るぞ！絶対課題克服、目標達成するんだ！という気持ちになれるかである。整然としてなくていい。それぞれでいいのだ。まるで森林浴で思いっ切り空気を吸い込んだ清々しい気持ちになれ、職場のスタッフとどんなことも分かち合い、助け合い、励まし合える環境となれば、それでいいのである。そんな会社がたくさんあるわけではないが、そうした方向へ向かいたい経営者、社員は決して少なくない。そうなると、どんな働きかけ、関わり方をすればいいのか。経験的に見た究

極のソフトウェアとは何かまとめてみるとこんなことになるような気がする。

（1）誰もが主人公でいたい

　人はどんな人でもこの世に生を受けた限り、誰もが自分中心、自分ヒーロー、自分主人公でいたい。それは赤ちゃんの時から先天的に身に付けているものである。しかし、赤ちゃんの場合は、お父さん、お母さんが、全面的にその欲望を受け入れてくれるので、それほど大きな問題にならない。そして児童、青年、大人になるに従って、赴くままにことができることはまずなくなっていく。そこでは忍耐、我慢を学び、人と人との関わりを良好に保持できる制動作用が働いてバランスが保たれる。しかし、それが機能しなくなると、たちどころに人と人の間に醜い争いが始まる。そこで大切にしたいのが、誰もが主人公でいたいなら、その動作、関わりを仕事の中にどれくらい注ぐかである。つまり「主人公になりたければなりたい分、我慢するソフトウェア」が必須となる。

（2）育成機会を逃がすな

　部下、後輩に限らず、職場はあまりにもたくさんの誰もが学ぶ機会、育成機会に満ち溢れている。なのに、それを見もせず、考えもせず、振り向きもせず、看過する人もまた多すぎる。このような機会がたくさんあるのに、知らぬ内に通り過ぎているとすれば、実にもったいないことである。それではどうすれば、その満ち溢れた育成機会をキャッチすることができるのか。一言で言えば「意識的管理」することである。これまでにも意識的管理について述べてきたが、要は自分に言い聞かせることである。

例えば管理者であれば、
① ミスした時、その原因を考えさせ、自分で対策を考えさせるようにしよう
② 約束を守らなかった時、しつけの一つとしてその大切さを教えて約束厳守を徹底しよう
③ 人に教える時、自分目線でなく、部下目線で聴き、話すことにしよう
④ 勝手な振る舞いをする時、相手がいること、チームワークの大切さを教えることにしよう
⑤ 報告をしない部下がいる時、どんな場合に報告しなければならないか、紙に書いて渡すことにしよう

等々、その場面、局面で部下のすることに関心を持って、「分かるように指導しよう」と自ら意識して行動することを「意識的管理」と言う。この考えをもって実行すれば、部下のレベルアップは、かなり早くなる。同様に部下、後輩の場合も、上司、先輩から指導を受けたら、どんなこともよく聴いて、受け止め、実行するよう自分に言い聞かせることである。どんな時でも「意識的管理するソフトウェア」があれば、その人の育成は、誰の目にも確かなものとなること疑いない。

（3）究極の究極は…

　どうすれば明るい職場、元気な職場、光溢れる職場になるか、それを46年に渡って考え、悩み苦しみ、試行錯誤しながら今日まできたが、究極の究極は…未だに正確な解答は出ない。ただ基本の基本は、やはりコミュニケーションの質と量が、その核心であることは間違いないようである。元気な会社を覗いてみると、そこには、

人を、社員を、取引先を、その家族を、そして会社に関係する多くの人を、大切にする風土があり、挨拶があり、声かけがあり、話し合いがあり、指導があり、一体感がある。これら全てがコミュニケーションの質と量である。職場のDX、AI化がどれだけ進んでも、その恩恵こそ受けようとも、人と人の触れ合いなくしてことは進まない。又喜びや充実感を感ずることもないであろう。そしてそのコミュニケーションの質と量とは何か、それを「光る職場の20か条」最後の締めとしたい。

① 質的コミュニケーション

　質的コミュニケーションとは何か。互いに良好な関係にあればいいが、それほど関係も良くなく、普段口も聞かない、顔を見るのも嫌、それでも仕事が滞らないため必要最小限度のコミュニケーションは要求される。この場合の質的コミュニケーションとは、滞らないレベルのコミュニケーションでなく、人間関係、信頼関係改善のための良質なコミュニケーションである。質的コミュニケーションを進めていく場合、必ず求められるのがプラス思考、プラス発想である。難しい人だから適当に関わればいい、会わないで済むなら会わない、これ以上話しても進まないので諦めるより仕方ない、こんな経験はないだろうか？「not OK 感情」である。こうしたことに遭遇すると、誰もがよく取る考え方、行動である。そこでものを言うのが、質的コミュニケーションである。場面、局面は毎日のようにあると思うが、よくあるケースを紹介するので、質的コミュニケーションの大切さを理解して欲しい。

　イ）難しい人でもどのように働きかけたら受け入れてくれるだろうか。そのためにどんなコミュニケーションを取れば説得力が

あるだろうか。

ロ)「会わなくて済むならそれでいい」ではダメ。これ以上良くなることがないからでなく、とにかく会ってもう一度話し合いをしてみよう。

ハ)考えが違えば互いの主張をぶつけ合う、言い争いはつきもの。それでも諦めないで、少しでもこちらの考えを理解してもらうため再度挑戦してみよう。

ニ)有名なコーチや監督の一言が、選手の気持ちを変え、大きく成長させる例は限りなくある。これも質的コミュニケーションの一つである。あなたも、あなたも、もう一度部下、同僚に声かけするとき、それが相手を動機付けるコミュニケーションかどうか、考え、行動するのも質的コミュニケーションへの挑戦である。

というように絶えず前向き、プラス思考のコミュニケーションを考えることである。無論、質的コミュニケーションがあるからといって、全てのことが解決、改善されるばかりではない。しかし、その前向きなエネルギーが相手に届けば、少なくとも改善への道標となることはよくある。

② 量的コミュニケーション

　量的コミュニケーションとは何か。まさにこれこそが、光る職場、明るい職場、元気な職場の根本である。その会社にどれだけ多くの声かけがあるか、感謝の言葉があるか、労いの言葉があるか、ホウレンソウがあるか、である。このことの大切さは、これまで何度となく説明させていただいたが、やはり光や空気のように、その職場の隅々にまで、あまねく行き渡っていれば、もうその職場は、「光

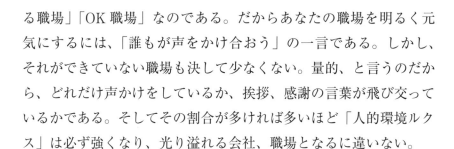

る職場」「OK職場」なのである。だからあなたの職場を明るく元気にするには、「誰もが声をかけ合おう」の一言である。しかし、それができていない職場も決して少なくない。量的、と言うのだから、どれだけ声かけをしているか、挨拶、感謝の言葉が飛び交っているかである。そしてその割合が多ければ多いほど「人的環境ルクス」は必ず強くなり、光り溢れる会社、職場となるに違いない。

第3章
岐阜県からの委託事業を受けて

1 女性管理職登用の難しさ

　昨年度、今年度と2年に渡り、岐阜県から委託事業を受け、社労士として多くのことを考えさせられた。そして、委託事業の肝となる「女性管理職登用」が如何に困難か、思い知らされた2年間でもあった。昨年度も今年度も概ね200社以上の実態調査、企業分析を行い、経年計画立てを実施して効果を上げることが、今回の狙いであったが、決して簡単なことではなかった。

　具体的には、弊社8名の社労士を任命し、補助者複数名で各企業を訪問した。今回の委託事業の内容を説明した上で、理解していただける事業所は最大4回まで訪問するものとし、予め用意してあるアンケートで現状把握、各事業所で何ができるのか、できないのか、判断した上、ある程度の経年計画を立案する。そんな頃より、訪問先経営者、担当管理者等が渋い顔、か細い声、後ろ向きの態度。「まだうちでは早い」「管理職に登用するのはこちらも山々ですが、本人が…」「女性管理職にすると足を引っ張る女性がいて」「なりたい女性0」と否定的意見が大半。そこを何とか我々も、もがきながら、掻き分けながら政府が女性管理職登用を意図する背景、理由を述べ、理解を促すのだが、やはり思考停止したまま終了。口ではやる、やるだが、こんなパターンが極めて多い。

　もう少しこの状況を冷静に見てみよう。やはり一番は、トップの

女性管理職登用に対する考えに対する、熱い意欲不足ではないだろうか。平穏な空気を汚したくない、やりたい人がいないから仕方ない、職位、昇進に魅力を感ずる女性が少ない…等である。一社4回までの訪問が原則。せいぜい我々が関われるのは、一人でも多くの女性が管理職登用に関心が持てるように、トップ方針に「女性管理職登用」を織り込ませることくらいだろう。委託事業の目的は少しでも多くの企業が、こうしたことに関心を寄せ、経年計画によって着実に実践してくれることである。しかし、経営者を中心とした意識の限界を打ち破るには、時間と回数が足りなかったことも原因の一つであった。

② 委託事業担当者からの報告

　女性管理職登用拡大支援事業の委託を受け、令和5年度（令和5年4月1日～令和6年3月31日）の概要を、弊社の2名の特定社労士より報告させていただく。限られた日数や時間、限られた協力事業所の実態である。これによって最大公約数的ではあるが、各企業の女性管理職登用への会社方針や経営者、管理者層の意識等が、必ずしも高くないことがうかがえる。SDGsや世界的女性活躍、活用の波が俄に高くなりつつある昨今の情勢とは裏腹に、日本の、日本人の、このことへの関心、改革の高まりが、未だ遠くにしか聞こえないのがもどかしい。

（１）特定社会保険労務士 加藤からの報告

① 委託事業を進める上で困ったこと、苦労したこと、うまくいかなかったこと

　昨今では本事業に限らず、国も政策として様々な女性活躍推進策が取られているが、実際に企業を訪問すると具体的に成果を挙げている事例は極めて少なく、厚生労働省発表の指標と中小企業の実態とは更にズレがあったと実感せざるを得なかった。

　例えば、本事業の目的の一つであった「女性管理職登用」については、殆どの中小企業では女性管理職比率は５％にも満たない状況であった。調査すると、女性が出産・育児を経たあとパートタイマーなどの非正規として復帰し、そのまま事務的・現場的な業務を担当しているケースが大変多く見られた。また、例え優秀な女性従業員がいたとしても、経営者の考え方として、先述した出産・育児といったステージが有り得る女性を昇進させていくことに抵抗がある社長が多かったし、育児から復帰した女性従業員の中にもキャリアアップを望まない者がいることも分かった。

② それに対してどのように指導、アドバイスしてきたのか。またどんな成果が得られたか

　Ａ社においては、社長と面談すると、そもそも国や地方自治体が支援している女性活躍推進に関する制度や法律を知らないという社長が多かったため、まず委託事業の趣旨・目的を説明し、全体像の理解を図った。その上で、自社の実態を丁寧にヒヤリングし、人手不足の中、採用だけに目を向けるのではなく社内の人材活用ができる制度を提案した。具体的には、女性の方が賃金がやや低い傾向にあったため、客観的な評価に基づく男女公平な賃金制度を設計し

た。また、女性も含めて従業員へのカウンセリング制度を設け、キャリアアップを望む従業員の生の声を聴く機会を設置した。

B社では年収の壁で悩み、働くことに不安を覚えているパート従業員を集めて扶養の制度の説明会兼座談会を開催した。合わせて長く働くことができる従業員のために正社員転換制度を整備し、従業員に制度説明を行った。扶養の制度を正しく理解し、またキャリアアップの具体的な内容を知ることができたことで、説明会に参加した従業員の中から、扶養を外れて正社員として働きたいという要望が出てきた。今いる優秀なパート従業員に長い時間勤務してもらい、会社の力になって欲しいという会社の思惑と、魅力ある正社員制度のもとで自身をキャリアアップさせていきたいという従業員の願いが合致し、双方から大変喜んでいただけた。

③　まとめ

いざ自社の女性活躍を推進しようにも、中小企業の力だけでは何をすれば良いかが分からないのが現状ではないだろうか。そういう意味では、人事労務の専門家である私たち社会保険労務士が、本事業の受託者として多くの企業と関われたことは、やがては日本の雇用環境の改善に一役買えたのではないかと信じたいし、これからもその活動を止めてはいけないと思う。

（2）特定社会保険労務士 平下からの報告

この事業を進めていく中で、当初、総務部門からのオファーを受けて、訪問コンサルティングを進め、経年計画の策定および女性管理職の養成を行いたいとの希望もあり、研修の実施等を進めていたところ、最後に社長からストップがかかり実現しなかった企業が

あった。その他、(既存の男性役職者よりも)優秀な女性社員もいて、女性管理職登用を進めていきたいが、ポストが限られていて、勤続で昇進させた既存の役職者を外すことが難しく、役職者を増やすにもコストがかけられないという事案もあった。

　また、女性社員は、管理職になりたがらない、そんな責任を負いたくないと言っていると社長からは聞いていたところ、社員にヒヤリングをしてみると、昇進意欲もあり、モチベーションも高い女性社員もいて、職場内においては性別役割意識が強く、掃除は女性社員のみで男性はやらない、管理職が機能していない等の問題提起もあり、具体的に仕組みの改善、管理職の養成等、実際の職場の改善に繋がった事例もあった。

　総じて、事業規模に関わらず、中小企業であれば尚、トップの方針、意向がダイレクトに反映されるがゆえに、女性管理職登用を進めていく上では、トップの考え方そのものが大きなポイントであると言える。また、訪問した企業の多くは、人手不足の課題を抱えており、企業の存続にも関わるこの課題を考えていく上で、また人の採用と定着率の向上を考える上でも、この女性活躍推進、女性の管理職登用は重要な課題でもある。会社側、働く側双方に性別役割認識が根強く、女性は昇進意欲が低い、管理職になりたがらないという思い込みに気がつき、長年蓄積されてきた双方の意識を変化させるようなソフト面でのアプローチ（職場の課題のヒヤリング、より良い職場作りについて社内でディスカッションの場を設ける、アンコンシャスバイアス研修の実施等）と、管理職になればプライベート、家庭との両立が困難になるという現実を見直し、柔軟な働き方を認められる制度作り、緊急時に業務を引き継げるチーム体制の整備、長い勤続の後の昇進を実現する年功序列型の人事制度の見直し、

一般職コースによる採用差別をなくす制度の見直し等のハード面からのアプローチが必要であると考える。

第4章 社労士を職場のEC（環境チェッカー）に

1 「環境経営」の大切さ

　近所の親しい方から果物や野菜をよくいただく。その親切さに人と人の触れ合いの大切さを感ずることは少なくない。しかし、やはり美味しさ、という点においては、スーパーや専門店で買うのといささか違うことがよくある。プロはプロ、餅屋は餅屋と思う。何が違うのか、一ついえることは、「土壌作り」ではないだろうか。日光や雨水はどの田畑にも公平に満遍に降り注ぐが、土壌作りは違う。やはりそこに使う肥料の質と量、気温や保湿、土壌の酸性化を防ぐための配慮、日々の点検、それと何より土地を想う愛情の程度、それらがやはり美味しさの分岐点になっているような気がする。

　このことを、あなたの会社に当てはめるとどうだろうか。つまり、ここで言う土壌とは環境である。これまでにもレビンの法則を用いて、職場環境、とりわけ人的環境の大切さを解説させていただいた。環境は苦労して、時間をかけて作るものであるが、いとも簡単に悪化することはよくある。古くなり、使えなくなり、馴染まなくなり、そしてその当時は良かった環境も今では良くない環境になっていることも少なくない。見えないものだけに、誰もが知らず知らずの間に取り返しのつかない状態になっていても気づかないのである。末期症状になって漸く気づくようなことも少なくない。

　もうこうなると手遅れなことが多い。壊れるのは早いが、一度壊

れたものを修復、そして元の良質な職場環境に醸成するのは並大抵のことではない。何があなたの会社に欠けているのか。そう、「ECによる定期監査」ではないだろうか。一般には、そうしたことは総務部、管理者等が、あなたの会社の環境侵食度、汚染度を見て、それなりの手立てを講ずるのが一番である。しかし、意外とそのジャッジの甘さに驚かされることもよくある。「やることやってるから仕方ない」「それほど悪いとは思えない」等々。要は我田引水がベースになっていると環境改革は極めて難しい。そこで冷静に、客観的に、専門的にECとなれる社労士に依頼するのも選択肢の一つでないだろうか。

２ チェッカーの役割

　肥沃で作物に適した土壌とは何か。やはり気温や肥料の適正さ等に関するハード面の緻密さと、その作物に愛情をかけて土壌作りをするソフト面からの日々の関わりがものを言うのではないだろうか。これをあなたの会社に当てはめて考えてみよう。

（１）ハード面の土壌作り

　社労士会でも企業への労務監査の必要性の声が俄に高まろうとしている。この先、この点での法制化を見据えた様々な動きを感ずる。既に多くの社労士が、各企業の労務監査をしているようだ。弊社で担当する企業の中にも10年程前から顧問先の依頼に応え労務監査を実施している企業もある。ハード面に関する監査項目の一例を紹介したい。

　① 労働契約書の適正

② 就業規則内容と実態
③ 各種規定内容と実態
④ 適正な社会保険、労働保険の取り扱い
⑤ 求人内容と実態
⑥ 労働社会保険諸法令に基づく運用適正の有無
⑦ 安全衛生法等に基づく適正な実態の有無
⑧ 労務トラブルによる適正な対応の有無
⑨ その他、その企業が定めた労務管理上の運用の適否等

　もちろん実際にはこれだけでなく、顧問先から依頼を受ける監査項目やその企業独自に監査しなければならない監査もある。しかし、これらのことが正しく行われているからといって直ちにハード面の整備がされているとは言えない。

　経験的にはその企業の土壌が、最も作物に適したものかどうかを示す評価数値は、ハード面よりソフト面の土壌作りの方が鮮明に表示されており、より大切なことを様々な場面で感じてきた。次にそのことを考えてみよう。

（2）ソフト面からの土壌作り

　どれだけハード面が整備されていてもその器具を、機械を、装置を、肥料を取り扱う人の扱い方が、手をかけて育てよう、やることはきちんとやろう、天候が悪いと言って簡単に終えてしまうこともなく愛情もって育てようとしなければ、作物は思うように育たず実らない。企業の労務環境も然りである。素晴らしい「環境経営」を維持するのに、最も重要かつ影響力を与えるのは、やはりこうしたソフト面からの土壌作りに寄せる意識が、愛情が、どの程度あるのかということである。それでは、どのようなソフト面の土壌作りが、

環境維持に役立つのか、そしてその点の定期監査を欠かすことなくすれば、いつまでも明るく働きやすく、生き甲斐さえ感ずる職場環境を作ることができるのではないだろうか。まず次に掲げるソフト面からの監査項目を参考にして欲しい。

① 定着率推移とここ数年の変化の有無。とりわけ３年未満社員の推移
② 会社理念、方針の浸透度、共有度の程度
③ メンタル不調者数、理由、背景、ここ数年の傾向
④ 管理者数の適正さとその役割の遂行度、部下の信頼、人望の程度
⑤ ストロークの程度とモチベーションの関係
⑥ 応援依頼の頻度、協力度、チームワーク意識の有無
⑦ いくら求人しても来ない。求人内容にハード面でなくソフト面のアプローチが織り込まれているか
⑧ 会議点検。必要性、活発度、出たい度、傾聴度、会議名称、目的に沿った会議か
⑨ 人間関係トラブルの質と量。原因への手立てとその効果、諦めないアクションの有無
⑩ 各社員の役割に基づく責任感、更なる向上心、上司への前向き意見、提案数等

まだこれ以外にも顧問先でコンサルティングをするとソフト面の監査をすることがあるが、代表的な監査項目を明示させていただいた。結果如何で、即手立てを講ずる必要性もある。次に、こうした定期監査結果を受け、社労士として、管理部門として、どのように対応したらいいか、詳しく見てみることにする。

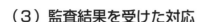

（3）監査結果を受けた対応

　既にこれまでにもこうしたことについての対応、その時、その時のテーマに応じ解説させていただいたが、改めて、前節での「ECによる定期監査結果」を受け、どのように対応したらいいのか、代表的な対応3例を項目ごとに纏めてみた。

① について

　定着率、企業によってはそれほど重視しないところも増加傾向にあるようだが、まだまだ少しでも長く、とりわけ3年を節目に社員の力量を発揮してもらおうと思っていた矢先の退職。大きな痛手になることも少なくない。どうすれば定着率向上に繋がるのか。

　イ）少なくても入社3か月程度のOJTプラン作成、指導対象者を決め手厚い指導を。

　ロ）月1回程度の面談（積極的傾聴）を行い、新人への技術的、精神的ケアを施す。

　ハ）メンター、エルダー、プリセプター（5年未満一般社員が指導者）制度の設置。

② について

　経営理念、方針の共有、浸透度の程度は、その企業が良好な労務環境にあるのか、でないかを決定付ける程大きな要因になることが多い。つまり形だけのものか、実が伴って社員の多くが、そのことを大切にしている企業かどうかは、光の強さにも影響する。どうすれば共有度が増すのか。

　イ）1年に2回ほど、経営理念、経営方針月間を設け、誰もが理念に関する行動を促す。

　ロ）「理念ＫＹ（危険予知）」を採用。「こんな時に必ず経営理念を意識、トラブルに繋がらない呼び掛け」をする。

　ハ）朝礼、各種会議、イベント前の唱和、就業規則の前文に盛り
　　込む。
③について
　メンタル不調者が今何人いるか、そしてここ数年の傾向、実態を
踏まえ適切な対応をしなければ、職場環境悪化に繋がりかねない。
早急の手立てを講ずべきである。その理由や背景の多くは、人間関
係的なことが多く、その対応には慎重さが求められる。
　イ）全社員ヒヤリング、カウンセリング実施。当事者の所属する
　　部門ヒヤリングだと鞘当てになるので要注意。問題の顕在化を
　　図る。
　ロ）ヒヤリング結果を受けての関係者への指導は当然だが、環境
　　整備のため、相談窓口の充実、ルール作成、周知の徹底。
　ハ）不調者への企業対応が正否を分けることもあるので、担当部
　　門だけで方針決定するのでなく幹部を巻き込む。
④について
　8対2の原則がある。全社員に占める管理者の割合。企業によっ
ては1割が管理者なこともあれば、半数が管理者なこともある。業
務内容によるので、一概に決めること自体が良くないが、大切なの
は、そこでの管理者が経営者やその部下の信頼や、人望を受け、業
務遂行しているかである。
　イ）経営者の期待する管理者像、部下から信頼を受ける管理者と
　　は何か。まずは求められる管理者像と役割の明確化。
　ロ）次に役割遂行するための管理者教育を実施。又年2回の評価
　　面接の時、上司の期待する管理者像を伝える。
　ハ）組織が機能する最大の要因は、リーダーシップの有無から適
　　材適所配置、不要管理者削減、人事制度の見直し。

⑤について

　これまで何回も述べてきたストローク環境の大切さ。部下の話に耳を傾ける、部下の言いたいことを受け入れる、声かけの徹底、これら全てストローク。おそらく光る職場の原点に違いない。ストロークの多少は、光の強度に正比例と言っても過言でない。

　イ）一番は理念、方針に盛り込むことだが、それができなければ、標語募集して各職場に掲示。朝礼唱和等。

　ロ）パワハラにならない会話、それはストロークに他ならないことから人事評価項目に挿入。上司の率先垂範。

　ハ）「ストローク＜ディスカウント」の場合、働きやすさに大きく影響することから、ストローク研修の実施。全社員に「ストローク振り返り」と題し期末にレポート提出。

⑥について

　仕事応援には多様な形態がある。部門内応援、部門外応援、更に全社的に応援体制をとることもある。しかし、どの応援であれ、気持ち良く応援するのか、でないかはその企業のチームワーク度の強弱にも繋がる。部門内、部門外であれ、その壁を越えて人の仕事を手伝うことは、協調性の最たるものである。

　イ）多能工の制度化と積極的実践。多忙、やり方が分からない、指導者不在等で結局計画倒れになりかねないことから可能部門から実施、そしてその効果を全社員に報告。

　ロ）ローマネージャーに権限付与。「班長間調整」「主任間調整」による応援依頼の制度化。

　ハ）決定要因、貸し借りでなく業務の繁閑で決める。そのため常日頃から部門長同士の良好なコミュニケーションをとる。

⑦について

　求人難、とりわけ製造業の求人で深刻な事業所も少なくない。求人媒体としては、これが一番かもしれないが、企業でできることはないか、「入りたい企業」とは何かへの再考である。

　イ）規模、場所、設備、給与等ハード面の条件も大事だが、やはり人を魅了するには、「ソフト面の改善」「社員ファースト」を信条とした応募に切り替えてはどうか。

　ロ）口コミ、そして定着率。中身を変えることが、結果的には求人に繋がる。入りたい企業とは、待遇よりコミュニケーションの有無である。

　ハ）社員紹介制度も必要だが、やはり紹介したくなるような企業作り。待遇面、人格尊重面から再度求人票の点検。

⑧について

　管理者ともなると１日中会議、会議で終わることもある。その会議が、必要不可欠、活発、その後への影響、出たい度等、意図する会議であればもちろんいいが、往々にして意図から外れ、報告だけの会議になってしまうことも少なくない。どんな会議であれ、意図する通りの会議であって欲しい。

　イ）会議活性度のポイントは、目的達成の有無である。参加者の有効な場として上司は「話すより聴くを重視」しているか否かである。

　ロ）時間厳守、資料事前配布、主体的参加の義務付け等、当たり前のことを当たり前にしていること。

　ハ）必要に応じ、記録と公開を原則とする。誰のためか、何のためか、その認識が共有され「話しやすい」会議であること。

⑨について

　人間関係のトラブルは、場合によっては最悪の事態を招くこともある。①の定着率と密接な関係にあるが、意外と傍観派管理者が多い。原因は様々であるが、諦めたらもう職場に光が差し込むことはない。逃げないこと、まずは前向き姿勢が基本である。

　イ）当事者を呼んで、互いの主張、言い分をよく聴いた上で、原則「半分忍耐、半分認容」の策が肝心である。

　ロ）欲求不満の延長線上にトラブルがある。大事なことは互いの思いが、関係性維持か、切り離しか、指導者も当事者も維持に最大限努めること。

　ハ）関係が修復され、元に戻ってからのケアが肝心。一定期間、当事者への細かな観察、声かけ等によるケア、そして当事者を受け入れ、誉める、励ますアクション。

⑩について

　各社員の責任感、向上心。これがなければ役割、任務はまともに遂行されない。このことは誰のせいでもない。つまりメンバーシップのことである。そこで働く限り、全社員に与えられる考え方、心の持ち方である。人のせいにしない、まず自分に問い掛けができる職場かどうか、ＥＣの最も重要な監査項目である。

　イ）不満が多い、人のせいにする、その量が多いと職場は暗澹とする。「自分でできることは自分で」を、社長→管理者→監督者→一般社員の順で実践すること。

　ロ）活性化されてない典型的職場例である。誰の責任でもない。「不満を工夫に変える職場」のテーマで何度も全社的にワークショップで話し合い、会社方針を明確にする。

　ハ）不満は言ってもいいが、その場合、同時に対策、提案も上申

することを管理者から働きかける。

　こうして、ＥＣ（環境チェッカー）として、ソフト面からの代表的、典型的監査項目を列挙し、それごとにとりあえずどのような対応したらいいのか、解説させていただいたが、無論これだけで監査が適正に行われると言えるわけではない。ここで一番言いたいのは、決まりきったハード面の監査だけでなく、決まってない、その企業、その企業ごとに起こっている様々な「不条理現象」に強い関心を持って監査、そして手立てを講じて欲しいということである。

　社労士でも社内の担当者でもいい。過ぎたるは猶及ばざるが如しと言う。過ぎてしまってからでは遅い。手遅れにならないためにも、いつも光る職場へ多くの人が歩みを止めることなく進めるためにも、思い切った「ＥＣ制度の設置」と「環境経営」を大切にする企業に育てていただきたい。

おわりに

　46年間に渡って多くの企業の労務管理に携わり、ことの大小は別として、問題のない企業はないと言っていい。しかも労務管理の特徴は、今日まで良かったからといって、明日以降うまくいく保証はない。つまり、労務管理は生き物なのである。日々呼吸しているだけに、絶えず新鮮な酸素を供給し、適度の光を当て、十分な栄養を補給しないと直ぐ萎え、薄暗い環境に引っ張られかねないことになる。きっかけは様々である。人の加入であり、制度の改定であり、上司が変わったことであり、大きなトラブルであり、急激な経営状況の悪化であって、じわじわと薄暗くなることもあれば、一瞬にして暗闇に転ずることもある。それくらい肌剥き出しの生き物が労務管理である。「エッ、どうして」ということがいつとはなく襲ってくる。それだけに我々社労士が、各企業と関わる時、最大限注意しなければならないことは、過去のやり方を知り、これからを予測しながら、周到な準備をして素早い決断を下すことである。しかし、どんなことも急いては事を仕損じることから、日頃大切にしていることは、「光る職場へ」の転ばぬ先の杖である。その杖が何であるかは、その企業、その企業である。病んだ企業に光を当てるのも社労士、病まないために光を当て続けるのも社労士。この拙著では、長年の経験から実際どのような場面、場面で適切な対応をしたらいいのか、又杖となるためにどのような光が大切なのか、そんな観点から書かせていただいた。とりわけ「光る職場の20か条」では、整然とした光り輝く労務管理をする上で、特に注意して欲しいことをまとめ、解説させていただいた。あなたの企業も、あなたの企業も、適度に光を受け、少しずつでも生き物である労務管理が、成長することを心より祈るばかりである。

著者　伏屋　喜雄（ふせや　よしお）

昭和23年生まれ。中央大学大学院法学研究科博士前期課程修了。
昭和54年　伏屋社会保険労務士事務所開業。
平成3年　株式会社中部人材育成センター設立。
現在は岐阜地方裁判所専門委員を務める。
著書に『あなたの会社は大丈夫？』（碧天舎）、『社労士は見た！中小企業を伸ばす社員育成の極意』（労働調査会）、『社労士は見た!!脱課長～課長が目を覚ます育成ノウハウ～』（労働調査会）、『続・社労士は見た!!労働問題の起きない職場環境』（労働調査会）がある。

イラスト制作　ころっち

社労士は見た!! 光る職場へ

令和7年4月3日 初版発行

著　者　伏屋　喜雄
発行者　藤澤　直明
発行所　労働調査会
　　　　〒170-0004 東京都豊島区北大塚2-4-5
　　　　TEL　03-3915-6401
　　　　FAX　03-3918-8618
　　　　https://www.chosakai.co.jp/

©Yoshio Fuseya 2025
ISBN978-4-86788-082-1 C2030

落丁・乱丁はお取り替え致します。
本書の一部あるいは全部を無断で複写複製することは、法律で認められた場合を除き、著作権の侵害となります。